KABALA'NIN GİZLİ BİLGELİĞİ

"Gizli bilgelik yüzyılımızda ifşa oldu"

Michael Laitman

ISBN: 978-1-77228-078-4
© Laitman Kabbalah Publishers

YAZAR : **Kabalist Dr. Michael Laitman**
ÇEVİRİ: Laitman Kabbalah Publishers

www.kabala.info.tr

Kapak: Laitman Kabbalah Publishers
Basım Tarihi: 2023

İçindekiler

Yazar Hakkında	6
Giriş	9
Kabala Nedir?	12
Neden Kabala Çalışılmalı?	15
Kabalist Kimdir?	18
Kabala ve Zohar'ın Tarihi	20
Kim Kabala Çalışabilir?	28
On Sefirot'un Çalışılması'na Giriş	30
Kabala Nasıl Çalışılır?	31
Maneviyat ve Kabala	37
Reenkarnasyon ve Kabala	38
Kabalistlerin Dili: Dallar	44
Kabala Vasıtasıyla Realiteyi Hissetmek	47
Kabalistik Müzik	53
Kabala Hakkında Sık Sorulan Sorular	55
Kabalistik Metinleri Nasıl Okumalı?	62
Dersleri Nasıl Okumalı?	63
1. Ders	65
2. Ders	83
3. Ders	96
4. Ders	107
5. Ders	117
6. Ders	126

7. Ders	137
8. Ders	145
9. ders	154
10. Ders	163
Kısa Kabala Sözlüğü	167

Kabala'nın Gizli Bilgeliği

Michael Laitman

Yazar Hakkında

Kabalist Michael Laitman, PhD, Moskova'da bulunan Rus Bilim Akademisi, Felsefe Yüksek Enstitüsü'nden felsefe ve Kabala üzerine doktora lisansına, Biyoloji ve Sibernetik Fakültesi, St. Petersburg Bilim Enstitüsü'den de Bilim Yüksek Lisansına sahiptir.

Kabalist Laitman, bilim adamı ve araştırmacı olarak yaptığı çalışmalarına ek olarak son otuz yıldır Kabala çalışıp öğretmektedir. Bir Kabalist olarak, bugüne kadar birçok dile çevrilen otuzu aşkın kitabı ve konuyla ilgili sayısız makalesi yayınlanmıştır.

Kabalist Laitman, Baal HaSulam, diğer adı ile Merdivenin Sahibi, Zohar Kitabı'nın tefsiri Sulam'ın yazarı Kabalist Yehuda Halevi Aşlag'ın ilk çocuğu ve halefi olan Kabalist Baruh Şalom Halevi Aşlag'ın, diğer adı ile Rabaş'ın öğrencisi ve kişisel asistanıydı. Kabalist Laitman, on üç yıl boyunca sadakatle Rabaş'la çalıştı ve ondan Baal HaSulam'ın öğretilerini aldı.

Baal HaSulam, Kutsal Ari'nin halefi ve Hayat Ağacı'nın yazarı olarak kabul edilir. Yehuda Aşlag, bizim neslimizin Kabala çalışabilmesi için yolu açtı. Onun yöntemi sayesinde herkes Kabala'nın gerçek kaynaklarından, bilgisinden ve kadim Kabalistlerin miraslarından faydalanabilir.

Kabalist Laitman, rehberinin izinden giderek hayatının misyonunu gerçekleştirmeye devam ediyor: Otantik Kabala ilmini dünyaya aktarmak. Rabaş'ın 1991'de vefatından sonra, Laitman, Baal HaSulam ve oğlu Baruh'un öğretilerini uygulayan ve günlük olarak Kabala çalışan ve öğreten bir grup Kabala öğrencisinden oluşan Bney Baruh (Baruh'un Oğulları'nı) grubunu kurdu.

Michael Laitman

Kabala'nın Gizli Bilgeliği

Zaman içinde, Bney Baruh, dünyada binlerce üyesi olan geniş bir uluslararası Kabalistik gruba dönüşmüştür. Kabalist Laitman'ın dersleri günlük olarak uydu yayından ve kablolu televizyondan, ayrıca internette www.kab.tv'den yayımlanmaktadır.

Laitman, ek olarak, amacı Kabala ve bilim hakkında açık, ciddi ve geniş kapsamlı bir söylem geliştirmek olan Aşlag Araştırma Enstitüsü'nün (ARİ) kurucusu ve başkanıdır. Eğitim üzerine geniş faaliyetleri, ona Moskova'da bulunan Rus Bilim Akademisi tarafından Ontoloji Profesörü unvanını kazandırdı. Geçtiğimiz yıllarda Kabalist Laitman, Kabala ve çağdaş bilim üzerine araştırmalar konusunda ileri gelen bilim adamlarıyla ortak çalışmalar yapmıştır.

Kabala ve bilimi nasıl hayatına uygun hale getirdiği kendisine sorulduğunda, şöyle cevap verdi: "Okulu bitirdiğimde, hayatın anlamını araştırmamı sağlayacak bir meslek aradım. Bilimsel bir gözlükten Doğayı çalışmak, cevabı bulmamda yardımcı olur diye düşündüm. Bu yüzden Bio-sibernetik çalışmaya başladım; yaşam sistemlerini ve onların mevcudiyetlerini dikte eden kurumu araştıran bilgi alanı. Nasıl yaşadığımızı inceleyerek, neden yaşadığımızı sonunda bulacağımı ümit ediyordum. Bu her genç insanın kalbine gelen, ancak günlük yaşantının koşuşturmasında yok olan bir sorudur.

Çalışmalarımı bitirdiğimde, Leningrad'da bulunan Hematoloji Araştırma Enstitüsü'nde işe girdim. Bir öğrenci olarak bile, organik hücrelerin nasıl yaşamlarını devam ettirdikleri ve her hücrenin nasıl tüm bedene mükemmel bir şekilde entegre olduğu beni hayrete düşürüyordu. Geleneksel olan, hücre yapısının kendisinin, farklı işlevlerinin ve hücrenin mevcudiyetinin amacı ve hareketlerinin nasıl

7

Michael Laitman

tüm organizmaya ilişkileniyor olduğunun araştırılmasıdır. Ancak, tüm organizmanın mevcudiyetinin amacının ne olduğu sorusuna cevabı bulamamıştım.

Bedenin, tıpkı ihtiva ettiği hücreler gibi, daha büyük bir bütünün parçası olduğu kanısına vardım. Ancak bu hipotezi araştırma teşebbüslerim hep reddedildi. Bana, bilimin bu sorularla ilgilenmediği söylendi.

Bunların hepsi 1970'lerde Rusya'da oldu. Hayal kırıklığına uğramış olarak mümkün olduğunca kısa sürede Rusya'dan ayrılmaya karar verdim. Kalbimi çalan bu araştırmaya İsrail'de devam edebileceğimi ümit ediyordum. Ve böylece 1974'de, dört yıldır "reddedilmiş" (İsrail için Rusya'dan ayrılma talebi reddedilmiş olan kişi) olarak, sonunda İsrail'e vardım. Ne yazık ki burada bile sadece tek bir hücre ile sınırlı araştırmalara girmeme izin verilmişti.

Realitenin genel sistemini öğrenmek için başka bir yere bakmam gerektiğini fark ettim. Sonuç olarak, felsefeye, daha sonra da dine döndüm ve cevapları ikisinde de bulamadım. Sadece uzun arayış yıllarından sonra öğretmenimi buldum, büyük Kabalist Baruh Şalom Halevi Aşlag, yani Rabaş.

Bundan sonraki on üç yılı, 1979'dan 1991'e kadar, Rabaş'ın yanında geçirdim. O benim için "Son Mohikan", büyük Kabalistler hanedanındaki, nesiller boyunca katlanmış son büyük Kabalist idi. Bütün bu zaman boyunca onun yanından ayrılmadım, 1983 yılında onun desteğiyle ilk üç kitabımı yazdım ve o öldüğünde ondan aldığım bilgiyi geliştirmeye ve yayınlamaya başladım. Şimdi yaptığım bu çalışmayı o zaman düşündüm; Rabaş'ın yolunun ve görüşlerinin anlaşılmasını doğrudan genişletmek."

Michael Laitman

Kabala'nın Gizli Bilgeliği

GİRİŞ

Doğanın kanunları, dünyadaki yerimiz ve davranışlarımız bilim insanları ve felsefeciler tarafından binlerce yıldan beri incelenmiştir.

Mantıki varsayımlarla beraber bilim nicel olabilir verilerden ve araştırmalardan yararlanır. Fakat bilim insanlarımız ve araştırmacılarımız araştırmalarında daha da ileri gittikçe, dünyanın daha belirsiz ve karışık olduğunu fark etmişlerdir.

Şüphesiz ki bilim dünyada muazzam bir ilerleme sağlamıştır, fakat bu sınırlıdır. Bilimsel aletler insanın iç dünyasını, ruhunu, davranışlarını ve motivasyon kaynaklarını ölçemez. Yaratılışın en ana öğesi olan insan, bu evrendeki rolüne dair hâlâ bilgisiz bırakılmış durumdadır.

İnsan daima hayatın temel sorunlarına cevap aramıştır: Ben kimim? Buradaki varlığımın amacı nedir? Dünya neden vardır? Fiziki mevcudiyetimiz görevini tamamladıktan sonra bizler var olmaya devam edecek miyiz?

Sürekli bir baskıya sahip olan bu dünyada, kimileri Doğu tekniklerinde, rahatlamayı sağlayan tedbirlerde veya kişisel umutları ve arzuları minimize ederek ızdırabı azaltan aktivitelerde geçici tatmin bulurlar. Meditasyonun, beslenmenin, fiziki ve zihinsel alıştırmaların çeşitli biçimleri, insanın doğal içgüdülerini susturur ve fiziki durumu açısından kendisini daha rahat hissetmesine olanak tanır. Bu süreç, kişiye beklentilerini azaltmasını öğretir, fakat kişiyi gerçek arzu ve istekleri ile bir çatışma içinde bırakır.

Hayat deneyimlerimiz bize sınırsız isteklere sahip olduğumuzu ve bu istekleri giderecek sınırlı kaynaklara sahip olduğumuzu öğretir. Bu, bütün istek ve arzularımızı

9

Kabala'nın Gizli Bilgeliği

Michael Laitman

tamamen gidermenin bir yolu olmadığının ve bundan dolayı da ızdırap çekmekten kaçınmanın bir yolu olmadığının ana gerekçesidir. İşte bu, Kabala'nın konusudur. Kabala, yaşamın temel sorularına cevap verir ve bize günlük ölçekte sınırsız tatmin elde etme hususunda rehberlik eder.

İnsanın varlığı ile ilgili olan temel sorular, insanın ızdırabına başka bir boyut katar. Bu sorular, şu veya bu hedef elde edilmiş olduğu zaman bile kendimizi tatmin olmuş hissetmemize olanak vermez. Kişi, uğruna gayret sarf ettiği hedefi elde ettiğinde, derhal başka bir hazzın eksik olduğunu hisseder. Bu, kişinin başarılarından zevk almasını engeller ve çektiği ıstırap yenilenir. Kişi geçmiş şeyleri düşündüğünde şunu anlar ki zamanının çoğunu bu hedeflere ulaşmak için harcamıştır ve başarılarından çok az bir haz almıştır.

Kendi yöntemine göre, herkes mevcut bilgi kaynaklarından bu sorulara cevap vermeye çabalar. Her birimiz deneyimlerimize dayandırmış olduğumuz dünya ile ilgili kendi algılarımızı formüle ederiz. Günlük yaşam ve realite, sürekli bu algılamamızı teste tabi tutar, bu algılamamıza tepki vermemize, onu geliştirmemize veya değiştirmemize neden olur. Kimimizde bu süreç bilinçli seviyede olur, kimimizde ise bilinçsizce olur.

Kabala, olayların farkında olmayı arayan herkese ulaşır. Size, bu dünyadaki hayatınızı etkileyecek manevi alanı hissetmenizi sağlayacak 6. hissi esaslı biçimde nasıl hissedeceğinizi öğretir. Bu ise size Üst Dünyayı yani Yaradan'ı algılamanıza olanak verecek ve yaşamınız üzerinde kontrol elde etmenizi sağlayacaktır.

Tora, Zohar, Hayat Ağacı ve diğer otantik manevi kaynaklar, bize manevi âlemde nasıl ilerleyeceğimizi, bu

âlemleri nasıl inceleyeceğimizi ve manevi bilgiyi nasıl elde edeceğimizi öğretmek için indirilmiştir. Bu dünyada manevi tırmanışa giden yola nasıl çıkılacağını öğretir. Nesiller boyu, Kabalistler, her biri yaşadıkları dönem ile uyumlu olan, çeşitli biçimlerde birçok kitap yazmışlardır.

Bizi manevi realitemize sunmak için toplamda 4 dil yaratılmıştır: Tora'nın dili ki Hz. Musa'nın 5 kitabını kapsar, Efsaneler Dili, Hukuksal Dil, Kabala Dili. Kabala Dili manevi Üst Dünyalar sistemini ve bunlara nasıl ulaşılacağını tanımlar. Diller açısından ortaya çıkan farklılıklar, aynı konu hususunda farklı formatlarda çeşitli perspektifler ortaya koyar ve bu perspektiflerin her biri hedeflediği nesil ile uyumluluk gösterir.

Baal HaSulam, Erdemlilerin Meyveleri isimli kitabında şunları yazar: Kabala'nın Gizli Bilgeliği, Tora'nınki, Zohar'ınki ve efsanelerinki ile aynıdır. Sadece küçük bir fark ile ki bu da mantığın biçimidir. Kabala, dört dile çevrilmiş antik bir dil gibidir adeta. Dillerde meydana gelen değişimden dolayı, bilgeliğin kendisinin hiçbir şekilde değişmediği hususu açıktır. Göz önünde bulundurmamız gereken husus, devir, nakil, ileti açısından en uygun olan ve en geniş biçimde kabul gören tarzın hangisi olduğudur.

Bu kitabı okuyarak, insan davranışının ve doğa kanunlarının kökenini anlamada ilk adımı atabileceksiniz. Kitabın içindeki konular Kabalistik yaklaşımın temel ilkelerini sunar ve Kabala bilgeliğini ve bunun nasıl işlediğini tanımlar.

Kabala'nın Gizli Bilgeliği, dünyamız fenomenlerini incelerken makul ve güvenilir bir yöntem arayanları, ızdırap ve zevkin gerekçelerini anlamaya çalışanları ve hayatın ana sorularına cevaplar arayanları hedeflemektedir.

11

Michael Laitman

KABALA NEDİR?

Kabala, insanın evrendeki pozisyonunu incelemek ve araştırmak için gerekli olan doğru bir yöntemdir. Kabala bilgeliği, bize, insanın neden var olduğunu, neden doğduğunu, neden yaşadığını, yaşamının amacının ne olduğunu, nereden geldiğini ve bu dünyadaki yaşamını tamamladıktan sonra nereye gideceğini açıklar.

Kabala, manevi dünyaya erişmenin bir yöntemidir. Kabala bize manevi dünya hakkında bilgi verir ve onu çalışarak bizler başka bir anlayış geliştirebiliriz. Bu anlayışın yardımı vasıtasıyla Üst Dünyalar ile iletişim içinde olabiliriz.

Kabala, teorik bir çalışma olmayıp pratik bir çalışmadır. İnsan kendisini, kim olduğunu, neye benzediğini öğrenir. Kendini aşama aşama, adım adım değiştirmek için neye ihtiyacı olduğunu öğrenir. Araştırmasını kendi iç ben'i aracılığıyla yönetir.

Bütün deneyleri kendisi üzerinde, kendisi içinde yürütür. Bu nedenledir ki Kabala'ya "Gizli Bilgelik" denir. Kişi, Kabala vasıtasıyla meydana gelen, sadece kendisinin hissettiği ve bildiği içsel değişimlere uğrar. Bu değişim, bir kişi içinde meydana gelir; sadece o kişiye özgüdür ve sadece o kişi bunun farkındadır.

Kabala kelimesi, İbranice olan "lekabel" yani "almak" kelimesinden gelir. Kabala, eylemlerin nedenlerini "alma arzusu" olarak tanımlar. Bu arzu, çeşitli türden hazların alınması ile alakalıdır. Hazzı almak için, kişi genelde büyük bir gayret sarf etmeye isteklidir. Soru şudur ki, kişi minimum bedel öderken, maksimum oranda hazzı nasıl alabilir? Herkes bu soruyu kendince cevaplamaya çalışmaktadır.

Michael Laitman

Kabala'nın Gizli Bilgeliği

Alma arzusunun gelişmesini ve büyümesini sağlayan yöntemde belli bir düzen vardır. İlk aşamada, insan fiziki hazzı şiddetle arzular. Sonra, para, onur, şan ve şöhret arar. Hatta daha kuvvetli bir arzu kişiyi güç için şevklendirir. Sonra maneviyat için bir arzu, istek geliştirebilir ki bu nokta piramidin tepesidir. Maneviyat arzusunun ne kadar büyük olduğunu fark eden kişi, bu arzusunu tatmin etmenin yollarını arar. Alma arzusunun aşamaları arasındaki geçiş, kişinin yetenekleri ve sınırlamalarının farkında olmasını sağlar.

Kabala, Üst Dünyalarla, duygu ve düşüncelerimizin kökenleriyle ilgilenir ki biz bunları kavrayamayız. Dünyalar üzerinde herhangi bir kontrolümüz olmadığı için, duygu ve düşüncelerimizin neden ve nasıl yaratıldıklarını bilmeyiz. Tatlı, acı, hoş, kaba şeklindeki deneyimlerimize şaşırırız. Psikoloji, psikiyatri ve öteki sosyal disiplinler bile, duygularımızı incelemek için bilimsel aletler geliştirmekte başarısızdır. Davranışsal etmenler, anlama yetimizden gizli kalırlar.

Kabala, duygularımızı bilimsel olarak incelemek için geliştirilmiş olan bir sistemdir. Duygu ve arzularımızın hepsini alır ve her biri için, her bir fenomen için, her seviyedeki her bir anlayış ve duygu çeşidi için, tam bir bilimsel formül sağlar.

Bu, zekâ ile birleştirilmiş duyguları inceleme işidir. Başlangıç seviyesindeki öğrenciler için, geometri, matris ve diyagramlardan yararlanır. Kabala çalışırken, öğrenciler kendi duygularının her birini tanımlar ve bunları anlamaya başlarlar. Gücüne, yönüne ve karakterine göre ona hangi adın verilmesi gerektiğini bilirler.

13

Kabala'nın Gizli
Bilgeliği

Michael Laitman

Kabala bilgeliği antik ve kanıtlanmış bir yöntemdir. Kabala vasıtasıyla kişi yüksek bir farkındalık edinir ve maneviyat kazanır. Bu, gerçekten onun bu dünyadaki amacıdır. Kişi, maneviyat için bir arzu hissettiği zaman, bu maneviyat için bir özlem hissetmeye başlar ve sonra da Yaradan tarafından sağlanan Kabala bilgeliği vasıtasıyla bu arzuyu geliştirebilir.

Kabala, Kabalistin hedefini açıklayan bir kelimedir. Bu hedef, insanın düşünen bir varlık olarak, bütün yaratılanların en yücesi olarak, ehil olduğu her şeyi elde etmesidir.

Michael Laitman

Kabala'nın Gizli Bilgeliği

NEDEN KABALA ÇALIŞILMALI?

Sıradan bir insan, Kabalistlerin yazılı eserlerini çalışırken, kendi içinde daha önceden gizli olan, saklı olan özü öğrenir. Bu çalışma vasıtasıyla sadece 6. hissi edindikten sonra, daha önceden açığa çıkarılmamış olan formu anlamaya ve hissetmeye başlar.

Herkesin bu 6. hissi geliştirmesi için doğal bir yeteneği vardır ve bundan ötürü Kabalistler üst manevi dünyanın yapısı hakkındaki bilgilerini iletirler.

Kişi, Kabalistik materyallere maruz bırakıldığında, ilk başta neyi okuduğunu anlayamayabilir. Ama eğer anlamak isterse ve anlamak için de doğru biçimde bir çaba gösterirse, "Or Makif" olarak adlandırılan Işığı, yani onu düzelten ve aşama aşama ona manevi realitesini gösteren Işığı ister ve çağırır. "Islah" ve "ıslah etmek" terimleri Kabala'da alma arzusundaki değişimi, yani manevi dünyanın ve Yaradan'ın niteliklerini edinmeyi tanımlar.

Herkes 6. hisse, hâlâ uyumakta olan bu manevi hisse sahiptir. Buna kalpteki nokta denir. Bunun karşısında, en sonunda ortaya çıktığında 6. hissi dolduracak olan Işık durur.

6. hisse ayrıca manevi Kap yani Kli de denir ve materyal realite olmasa bile var olmaya devam eder. Hiç Kabala çalışmamış olan sıradan bir insanın manevi dünyayı hissetmek için manevi Kli'si yeterince gelişmemiştir. Gerçek Kabala eserlerini doğru şekilde çalışırken, bu Işık kalpteki noktasını aydınlatır ve onu geliştirmeye başlar. Sonra bu kalp noktası genişlemeye başlar ve Or Makif'in içine girmesine olanak verecek kadar yeterince genişler. Işık, kalpteki noktadan içeri girdiğinde, kişiye manevi bir his verir. Bu nokta, kişinin ruhudur.

15

Kabala'nın Gizli Bilgeliği

Michael Laitman

Yukarıdan aşağıya inen ve yolu yavaş yavaş aydınlatan Or Makif olmaksızın ve Üst Dünyadan yardım gelmeksizin, kişi için hiçbir şey mümkün değildir. Bu Işığı fark etmediğimiz zaman bile, yukarıdan planlandığı gibi, kalpteki nokta ve onu dolduracak olan Işık arasında direkt bir bağlantı vardır. Kabala kitaplarını çalışma, kişiye ruhu ile bağlantıya geçme ve yavaş yavaş maneviyat için bir arzu hissetme olanağı verir. Bu sürece "segula" ya da "şifa" denir.

On Sefirot'un Çalışmasına Giriş isimli kitabında Baal HaSulam şöyle yazmıştır: Buna göre, Kabalistler neden herkese Kabala çalışmayı öğretti? Ne çalıştıklarını bilmeseler bile, Kabala bilgeliğini çalışmakta kıyaslanamaz ölçüde harika bir niteliğin olduğunu ilan etmek değerli ve harika bir olay iken, ruhlarını çevreleyen Işığı uyandıran şey, ne çalıştıklarını anlamanın muazzam arzusudur. Bu, Yaradan'ın Yaratılışı planlarken bizim için istediği bütün harika edinimlerin, nihayet elde edilmesi olasılığının herkese garantilendiği anlamına gelir.

Bu reenkarnasyonda bunları edinemeyenler, Yaradan'ın isteği gerçekleşene kadar, bunlara başka bir reenkarnasyonda sahip olacaklar. Kişi, bu edinimi elde edemese bile, Işıkların onun olması kaçınılmazdır. Or Makif, Işığı alacak olan Kli'yi hazırlaması için onu bekler. O nedenle, Kelim'den (Kli'nin çoğul hali) mahrum olsa bile, kişi bu bilgelik ile ilişki içine girdiğinde, kendine ait olan ve onu bekleyen Kelim'i ve Işıkların isimlerini çağırdığında, onlar bu kişiye belli ölçüde parlayacaktır. Fakat bu kişinin içindeki ruha sızmayacaklardır, zira Kelim'i henüz bu Işıkları kabul etmek için hazır değildir. Kabala, Yaradan'ın Işığını alması için Kli'yi yaratan yegâne araçtır. Kişinin bilgelik ile meşgul olduğunda aldığı Işık, ona yukarıdan bir hayat verir, ona bol miktarda kutsallık ve saflık ihsan eder ve onu edinime ulaşmaya daha da yaklaştırır.

Kabala, kişiye onu çalışırken maneviyat hazzını vermesi açısından ve kişiye maneviyatı maddeciliğe tercih etme deneyimini vermesi açısından olağanüstü bir öğretidir. Kişi, edindiği maneviyat oranında iradesini netleştirir ve kendisini bir zamanlar ona cazip gelen şeylerden aynı bir yetişkinin çocukça oyunlardan artık etkilenmemesi gibi uzak tutmayı öğrenir.

Kabala'ya neden ihtiyaç duyarız? Çünkü Kabala bize değişim için bir sıçrama tahtası olarak verilir. Gün boyunca herhangi bir vakitte, Yaradan'ı öğrenmemiz ve anlamamız için bize verilir. Bunlar, Kabala bilgeliğinin sağlanmasının yegâne gerekçeleridir. Kendini değiştirmek, iyileştirmek ve Yaradan'ı tanımak için Kabala öğrenen her kişi, bu yaşamındaki hakiki kaderini gerçekleştirebildiğini ve gelişebildiğini anlamaya başladığı aşamaya ulaşır.

Bnei Baruch Eğitim ve Araştırma Enstitüsü

Kabala'nın Gizli
Bilgeliği

Michael Laitman

KABALİST KİMDİR?

Kabalist, kanıtlanmış, zaman testinden geçmiş, kesin bir yöntemi kullanarak kendi doğasını inceleyen bir araştırmacıdır. Hepimizin yararlanabileceği aletlerle, duygusunu, zekâsını ve kalbini kullanarak varlığının özünü inceler.

Kabalist, sıradan bir insan gibi görünür. Herhangi özel bir beceri, yetenek veya uğraşa sahip olması gerekmez. Onun arif bir insan olmasına veya kutsal bir ifadeye sahip olmasına gerek yoktur. Bu sıradan insan, yaşamının herhangi bir noktasında, kendisini rahatsız eden sorulara inanılır cevaplar bulabileceği bir yol bulmaya karar vermiştir. Farklı bir öğrenme yönteminden yararlanarak, manevi his olan bir başka hissi, 6. hissi edinmede başarılı olmuştur.

Kabalist, bu his aracılığıyla, aynı bizim burada kendi realitemizi hissetmemiz gibi, manevi alanları açık bir realite olarak hisseder. Manevi alanlar, Üst Dünyalar ve yüksek güçlerin keşfiyle ilgili olan bilgiye erişir. Bu dünyalara Üst Dünyalar adı verilir. Zira bizim dünyamızın üstünde ve ötesindedirler.

Kabalist, şu anki mevcut manevi seviyesinden bir sonraki seviyeye tırmanır. Bu hareket, onu bir Üst Dünyadan bir diğerine geçirir. Kabalist, burada var olan, dünyamızı dolduran her şeyin, biz de dahil olmak üzere, kökenini anlar ve görür. Kabalist, eş zamanlı olarak hem bu dünyadadır hem de Üst Dünyadadır. Bu nitelik bütün Kabalistlerde ortaktır.

Kabalistler, bizi saran gerçek bilgiyi edinirler ve bu realiteyi hissederler. O nedenle de Kabalistler, bu bilgiyi çalışır, ona aşina olur ve onun hakkında bize bilgi verirler. Bizi maneviyata götürerek hayatımızın kaynağı

18

ile karşılaşabilmemizi sağlayan yeni bir yöntem sağlarlar. Özel bir dilde yazı olan kitapları kullanırlar. Bu kitapları özel bir biçimde okumalıyız ki bizim için gerçeği keşfetmek amacıyla bir Kli olsunlar.

Yazdıkları kitaplarda Kabalistler, bizi insanın kişisel deneyimlerine dayalı olan tekniklere dair bilgilendirirler. Her şeyi kapsayan bakış açılarına göre, onları takip edebilecek ve kendilerinin çıktığı aynı merdiveni çıkabilecek olanlara yardım etmenin yolunu bulmuşlardır. Yöntemlerine Kabala bilgeliği adı verilmiştir.

Michael Laitman

KABALA VE ZOHAR'IN TARİHİ

Hakkında bilgi sahibi olduğumuz ilk kişi Hz. İbrahim'dir. O, insan mevcudiyetinin harikalarını gördü, Yaradan'a sorular sordu ve Üst Dünyalar da ona gösterildi, bildirildi. Edindiği bilgiyi ve bu edinimde kullanılan yöntemi, gelen nesillere iletti. Kabala yüzyıllar boyunca Kabalistler tarafından ağızdan ağıza geçti. Her bir Kabalist kendine özgü deneyim ve kişiliğini, birikmiş olan bu bilgi bünyesine ekledi. Manevi edinimleri, kendi nesillerinin duygularına özgü olan lisanlarda anlatıldı.

Kabala, Hz. Musa'nın kitapları olarak bilinen kitapların yazılmasından sonra da gelişmeye devam etti. Kabala, 1. ve 2. Tapınak arasındaki dönemde (M.Ö. 586-515) zaten gruplar halinde çalışılıyordu. 2. Tapınağın yıkılmasını takiben (M.S. 70) ve şu anki nesle kadar, Kabala gelişiminde özellikle önem arz eden üç dönem vardır ki bu dönemlerde Kabala çalışması yöntemleriyle ilgili en önemli eserler verilmiştir.

Birinci dönem, 2. yüzyıl esnasında, Zohar Kitabı'nın Kabalist Şimon Bar Yohai, diğer adı ile "Raşbi" tarafından yazılmasıyla ortaya çıktı. Bu, yaklaşık M.S. 150 yılları esnasındadır. Kabalist Şimon, ünlü Kabalist Akiva'nın (M.S. 40 – M.S. 135) bir öğrencisi idi. Kabalist Akiva ve onun birkaç takipçisi, Kabala öğretiminden dolayı kendilerine tehdit oluşturduklarını hisseden Romalılar tarafından eziyet edilip öldürüldü. Romalılar, Kabalist Akiva'nın derisini yüzdüler ve demir bir raspa (günümüzde atları temizlemek için kullanılan kaşağıya benzer) ile kemiklerini çıkardılar. Kabalist Akiva'nın 24,000 müridinin ölümünden sonra, Raşbi, Kabalist Akiva ve Kabalist Yehuda Ben Baba tarafından kendisine öğretildiği gibi gelecek nesillere

20

Michael Laitman

> Kabala'nın Gizli
> Bilgeliği

Kabala'yı öğretmesi için yetkilendirildi. Kabalist Şimon Bar Yohai ve öteki dört kişi, hayatta kalan yegâne kişilerdi. Kabalist Akiva'nın esareti ve hapsedilmesinin ardından Raşbi, oğlu Elazar ile kaçtı. 13 yıl bir mağarada saklandılar.

Mağaradan, Kabala çalışması ve maneviyata erişme için kullanılan, kristalize olmuş bir yöntem ile çıktılar. Raşbi, insanın bu dünyada ulaşabileceği 125 seviyeye ulaştı. Zohar bize, Raşbi ve oğlunun "Peygamber Eliyahu" olarak adlandırılan seviyeye eriştiğini söyler ki bu da onlara 125 seviyeyi öğretmek için Peygamberin kendisinin geldiği anlamına gelir.

Zohar, eşsiz bir biçimde yazılıdır, kısa hikâyeler biçimindedir ve Aramice dilinde sunulmuştur. Aramice, miladın başlarında konuşulan bir dildir. Zohar, Aramicenin "İbranicenin ters tarafı", İbranicenin gizli tarafı olduğunu bize bildirmektedir. Bu kitabı Kabalist Şimon Bar Yohai'nin kendisi yazmamıştır. Bu bilgeliği ve düzenli bir şekilde ona erişme yöntemini, bu bilgeliğin muhteviyatını Kabalist Aba'ya dikte ederek iletmiştir. Kabalist Aba, Zohar'ı öyle bir biçimde yazmıştır ki sadece onu anlamaya layık olanlar onu anlayabilirler.

Zohar, insan gelişiminin 6,000 yıla bölündüğünü ve bu 6,000 yıllık zaman boyunca ruhların her bir nesilde sürekli bir gelişme sürecine maruz kaldığını anlatır. Sürecin sonunda, ruhlar, "son ıslah" olan bir konuma yani maneviyatın ve bütünlüğün en üst seviyesine ulaşırlar.

Kabalist Şimon Bar Yohai neslinin en büyük kişilerinden biridir. Günümüzde iyi bilinen ve yayımlanmış olan birçok Kabalistik konuyu yazmış ve yorumlamıştır. Öte yandan, Zohar Kitabı yazıldıktan sonra kaybolmuştur.

21

Kabala'nın Gizli Bilgeliği

Michael Laitman

Efsaneye göre, Zohar yazıtları, şu an İsrail sınırları içinde bulunan Sfat adlı bölgenin yakınlarındaki bir mağarada gizli tutulmaktaydı. Birkaç yüzyıl sonra, bölgede yaşayan Araplar tarafından bulundu. Sfat'dan bir Kabalist, bir gün pazardan biraz balık alır ve balığın paketlenmiş olduğu kâğıdın paha biçilemez değeri karşısında hayrete düşer. Hemen Araplardan kâğıdın kalan parçalarını satın almaya koyulur ve bu kâğıtları bir kitap haline getirir.

Bu olay vuku buldu, çünkü saklı şeylerin doğası öylesine güçlüdür ki doğru zamanda, doğru ruhlar reenkarnasyona girdiğinde ve dünyamıza eriştiklerinde, keşfedilmek zorundadırlar. İşte bu şekildedir ki Zohar zaman içinde açığa çıkarıldı.

Bu eserlerin çalışılması, bir küçük Kabalist grup tarafından gizlice yürütüldü. Bu kitabın ilk baskısı, 13. yüzyılda İspanya'da Kabalist Moşe de Leon tarafından gerçekleştirildi.

Kabala gelişiminin ikinci dönemi, bizim neslimizin Kabala öğretisi açısından çok önem arz etmektedir. Bu, Kabala çalışmasının iki yöntemi arasındaki geçişi oluşturan Kabalist İshak Luria, diğer adı ile "Ari" dönemidir. Kabala'nın saf dilinin ortaya çıkması, ilk kez Ari'nin yazılı eserlerindedir. Ari, Kabala'nın kitleler tarafından serbestçe çalışılması döneminin başlangıcını ilan etmiştir.

Ari, 1534'te Kudüs'te doğdu. Babası öldüğünde küçük bir çocuk idi ve annesi onu amcasının evinde yetiştiği Mısır'a götürdü. Mısır'daki yaşamı boyunca hayatını ticaretten kazandı, fakat vaktinin büyük bir kısmını Kabala çalışmasına adadı. Efsaneye göre, Ari, Zohar'ı, ilk Kabalistler tarafından yazılan kitapları ve kendi neslinin bir diğer Kabalisti olan Kabalist Moşe Cordovero, diğer adı ile

22

"Ramak"ın yazılı eserlerini çalıştığı yer olan Nil'in Roda Adası'nda, dışarıdan soyutlanmış bir şekilde 7 yıl geçirdi.

1570'de, Ari, İs-ail'in Sfat şehrine geldi. Gençliğine rağmen derhal Kabala öğrenimine başladı. Yüceliği kısa zaman içinde anlaşıldı. Sfat'ın bütün arif insanları -ki gizli ve açığa çıkmış olan bilgelik açısından çok zeki kişilerdi- onunla çalışmaya geldiler. Sonra Ari belli bir ün kazandı. Bir buçuk yıl boyunca, öğrencisi Kabalist Hayim Vital, çalışmaları boyunca ortaya çıkan soruların çoğunun cevaplarını kâğıda geçirdi.

Ari, hâlâ kullanımda olan temel Kabala çalışma sistemini miras olarak bıraktı. Bu eserlerin bazıları şunlardır: Ets Haym (Hayat Ağacı), Şaar HaKavanot (Niyetler Kapısı), Şaar HaGilgulim (Reenkarnasyon Kapısı) ve diğer eserler. Ari, 1572'de hâlâ genç bir insan olarak vefat etti. Son isteği olarak, eserler uygun bir vakit gelmeden önce doktrini ortaya çıkarılmasın diye arşivlendi.

Büyük Kabalistler, metodu hazırlayıp başkalarına öğrettiler, ancak biliyorlardı ki kendi nesilleri metodun dinamiklerini henüz anlayacak kadar ehil değildiler. Dolayısıyla, sık sık kendi eserlerini saklamayı veya yakmayı bile tercih etmişlerdir. Bu gerçekte önemli bir husus vardır ki bilgiler kâğıda geçirilmişti ve sonra da ortadan kaldırılmıştı. Maddi dünyada ortaya çıkarılan her şey geleceği etkiler ve ikinci kez daha kolay biçimde ortaya çıkarılır.

Kabalist Vital, Ari'nin eserlerinin diğer bölümlerinin saklanmasını ve kendisiyle beraber yakılmasını emretti. Bir kısım, Sekiz Kapı isimli ünlü eseri düzenlemiş olan oğlunun eline geçti. Çok sonraları, Kabalist Vital'ın torunu tarafından başkanlık edilen bir grup öğrenci, mağaradan kitabın bir başka kısmını çıkardı.

23

Zohar'ın gruplar halinde, açık biçimde çalışılmasına sadece Ari döneminde başlandı. Sonra, Zohar'ın çalışılması iki yüzyıl boyunca gelişti. Büyük Hasidut döneminde (1750 ile 19. yüzyılın sonuna kadar geçen dönem), hemen hemen büyük ruhani liderlerin her biri Kabalist idi. Kabalistler özellikle Polonya, Rusya, Fas, Irak, Yemen ve birkaç diğer ülkede ortaya çıkmışlardır. Sonra, 20. yüzyılın başlarında, Kabala'ya olan ilgi neredeyse tamamen kaybolana kadar zayıfladı.

Kabala gelişiminin üçüncü dönemi, Ari'nin doktrinlerine ilave bir yöntemin katılmasıyla yaşandı. Bu yöntem, Ari'nin öğretileri ve Zohar'ın Sulam'ı ile ilgili açıklamaların sahibi olan Baal HaSulam tarafından bu nesilde yazılmıştır. Onun yöntemi, özellikle de şimdiki nesillerin ruhlarına uygundur.

Kabalist Yehuda Aşlag, Zohar'ın Sulam'ı ile ilgili açıklamalarından dolayı, "Baal HaSulam" yani "Merdivenin Sahibi" olarak bilinir. Polonya'nın Lodz şehrinde doğan Aşlag, gençliğinde yazılı ve sözlü kanunlar hakkında derin bir bilgiye erişti ve sonra da Varşova'da hâkim ve öğretmen oldu. 1921 yılında, ailesiyle birlikte Kudüs'e göç etti. 1943 yılında, Zohar'ın açıklamalarını yazmaya başladığında, kendi doktrinini yazmaya çoktan girişmişti. Baal HaSulam, 1953 yılında Zohar'ın açıklamalarını yazmayı bitirdi. Bir sonraki yıl vefat etti ve Kudüs'te, Givat Şaul mezarlığına gömüldü.

En büyük oğlu Kabalist Baruh Şalom Aşlag, diğer adı ile "Rabaş" onun varisi oldu. Kitapları, babasının talimatlarına göre şekillendirdi. Babasının açıklamalarını bizim neslimize ulaştırıldığı şekliyle anlamamıza yardımcı olan bu kitaplar, babasının eserlerinin ayrıntılarına zarif bir şekilde girer.

Rabaş, 1907 yılında Varşova'da doğdu ve babası ile beraber İsrail'e göç etti. Rabaş evlendikten hemen sonra, babası onu da Kabala'nın gizli bilgeliğini öğrenen seçilmiş öğrencilerin oluşturduğu çalışma grubuna dahil etti. Kısa bir süre sonra, babasının yeni öğrencilerini eğitmesine fırsat verildi.

Babasının ölümünden sonra, öğrendiği özel metodu öğretme işini devam ettirmeyi kendisi devraldı. Babası gibi, büyük başarısına rağmen mütevazı yaşam biçimini sürdürmeye devam etti. Ömrü boyunca, ayakkabı tamircisi, inşaat işçisi ve muhasebeci olarak çalıştı. Dışarıdan, sıradan bir insan gibi yaşadı, fakat her boş vaktini Kabala öğrenimi ve öğretimine vakfetti. Rabaş 1991'de vefat etti.

Kabalist Yehuda Aşlag, yani Baal HaSulam, bizim neslimiz açısından kabul görmüş ruhani liderdir. Bu nesilde, Zohar ve Ari'nin yazılı eserleri hakkında tamamen kapsamlı ve güncellenmiş açıklamaları yazmış yegâne kişidir. Oğlu Rabaş'ın denemeleri de dahil bu kitaplar, bize ilerleme açısından yardımcı olacak ve kabulleneceğimiz yegâne kaynaklardır.

Bu kitapları çalıştığımız zaman, gerçekte en yeni açıklamalar aracılığıyla Zohar'ı ve Ari'nin eserlerini çalışıyoruz demektir. Bu, bizim neslimiz için can simididir, zira eski metinler şimdi yazılmışlar gibi çalışmamıza ve onları maneviyata giden sıçrama tahtası olarak kullanmamıza olanak sağlar.

Baal HaSulam'ın yöntemi herkese uyar ve eserlerinde inşa ettiği merdiven, hiçbirimizin Kabala çalışırken korku hissetmemesini temin eder. Kabala öğrenen herhangi bir

> Kabala'nın Gizli
> Bilgeliği

Michael Laitman

kişi, 3 ila 5 yıl içerisinde manevi alanlara, bütün realitelere, ilahi kavrayışa ve ilahi zekâya -ki bu bizim ötemizde ve üstümüzde olan ancak bizler tarafından hissedilmeyene verilen isimdir- erişebileceğinden emin hale gelir. Şayet Baal HaSulam'ın kitaplarına göre çalışırsak, nihai ıslaha erişebiliriz.

Çalışma metodu, içimizdeki Üst Dünyaları anlama arzusunu uyandırmak için kurulmuştur. Köklerimizi anlamak ve onlarla bağlantıya geçmek için bize büyük bir arzu verilir. Kendimizi geliştirmek ve emellerimizi yerine getirmek için güçlendiriliriz.

Bu üç büyük Kabalistin hepsi aynı ruhtandır: İlk önce Kabalist Şimon olarak, ikinci defa Ari ve üçüncü kez Kabalist Yehuda Aşlag olarak görünmüştür. Her bir görünme esnasında, zaman bu bilgelik için daha fazla olgun hale gelmiştir, çünkü o neslin insanları buna layık idi, ruh da o nesle uygun olan yöntemi öğretmek için inmiştir.

Her bir nesil, Zohar'ı keşfetmeye daha da layık hale gelir. Kabalist Şimon Bar Yohai tarafından yazılan ve saklanan şey, daha sonra Kabalist Moşe de Leon nesli tarafından ve daha sonra Ari nesli tarafından -ki Ari, Zohar'ı Kabala dilinde yorumlamaya başlamıştı- keşfedildi. Bu yazılı eserler ayrıca uzaklarda bir yerlerde saklandı ve uygun bir zamanda kısmen tekrar keşfedildi. Bizim neslimiz, Sulam açıklamasından öğrendiği için ayrıcalıklıdır, Sulam açıklaması herkese Kabala çalışmayı ve şimdi kendini ıslah etmeyi olanaklı kılar.

Görüyoruz ki Zohar her bir neslin anladığı dilde konuşmaktadır. Her bir nesilde, bir önceki nesilde olduğundan daha iyi açıklığa kavuşturulur ve anlaşılır. Her

nesil, Zohar Kitabı'nı eşsiz bir şekilde açar, kendine özgü olan ruhunun köklerine uydurur.

Daha önemlisi, aynı zamanda da, yazılı Kabalistik eserleri arama ihtiyacını hissedenler bunları kendileri keşfetsin diye, bu eserleri saklamak için bir girişim yapılır. Kabalistler açıkça bilmektedirler ki değişim süreci iki koşulu gerekli kılar: Doğru zamanlama ve ruhun olgunluğu. Kabala çalışmasında yeni bir dönemi işaret eden ve bu çalışmanın açılımıyla karakterize edilen, çok ilginç bir gelişmeye şahitlik etmekteyiz.

Michael Laitman

KİM KABALA ÇALIŞABİLİR?

Her ne zaman Kabala tartışması olsa, şöyle yorumlar ortaya çıkar: Kişi Kabala çalışarak çıldırabilir, Kabala'yı 40 yaşından sonra çalışmak güvenlidir, kişi çalışmasına koyulmadan önce evli olmalı ve en az üç çocuğa sahip olmalıdır, kadınların Kabala çalışması yasaktır gibi.

Kabala herkese açıktır. Maneviyata erişmek için kendini gerçekten ıslah etmek isteyen kişiler içindir. İhtiyaç, ruhun kendini ıslah etme dürtüsünden gelir. Bu, kişinin gerçekten Kabala çalışmaya hazır olup olmadığına karar vermesinin yegâne testidir. Kendini ıslah etme arzusu, hakiki olmalı ve dış baskıya maruz kalmamalıdır, zira sadece kişinin kendisi kendi gerçek arzusunu keşfedebilir.

Büyük Kabalist Ari, kendi neslinden ileriye doğru Kabala'nın, erkekleri, kadınları, çocukları ve Kabala çalışabilecek ve çalışması gereken herkesi hedeflediğini yazmıştır. Bizim neslimizin en büyük Kabalisti Baal HaSulam, bu nesil için yeni bir çalışma metodu bırakmıştır. Bu yöntem, Kabala çalışmaya girişmek isteyen herkes için uygundur.

Kişi, artık maddi ödüllerden tatmin olmadığı zaman, Kabala'ya giden yolu bulur ve yapacağı çalışmanın cevaplar, izahatlar ve yeni fırsatlar sağlayacağını umar. Kendi mevcudiyeti ile alakalı olan önemli sorulara artık bu dünyada cevap bulamaz. Çoğu zaman cevap bulma ümidi, zihinsel bile değildir; sadece bir ilgi duyar ve onun gerekli olduğunu hisseder.

Böylesi bir kişi, şu tarz sorulara sahiptir: Kimim ben? Neden doğdum? Nereden geldim? Nereye gidiyorum? Bu dünyada neden varım? Daha önceden burada mıydım?

Tekrar ortaya çıkacak mıyım? Bu dünyada neden bu kadar çok acı var? Bunlardan bir şekilde sakınılabilir mi? Nasıl memnuniyet, bütünlük ve huzur elde edebilirim? Bilinçsiz olarak hisseder ki bu sorulara verilecek cevaplar, sadece ve sadece bu dünya âleminin ötesinde bulunabilir.

Bu sorulara verilecek yegâne cevap, Üst Dünyaları bilmek ve onları hissetmektir ve bunu gerçekleştirmenin yolu da Kabala vasıtasıyla mümkündür. Kabala'nın bilgeliği vasıtasıyla, insan bütün hissiyatıyla Üst Dünyalara girer. Bunlar, kişinin bu dünyadaki mevcudiyetiyle ilgili olan gerçeklerin tamamını sağlayan dünyalardır. Kişi, hayatının kontrolünü eline alır ve bu yöntemle, hâlâ bu dünyada iken amacına erişir: Huzur, haz ve bütünlük.

Kabala'nın Gizli Bilgeliği

Michael Laitman

ON SEFİROT'UN ÇALIŞILMASI'NA GİRİŞ

Bu kitapta şu yazılıdır: "Eğer kalbimizi sadece bir tane sorunun cevabına sevk edersek, eminim ki bütün sorular ve şüpheler ufuktan kaybolacaktır. Onların gittiklerini hissedeceğiz. Ve bu küçük önemsiz soru ise şudur: Hayatımızın anlamı nedir?"

Bu sorudan dolayı Kabala çalışmasına çekim duyan herhangi bir kişinin Kabala çalışması kabul edilir. Ciddi bir çalışma içine giren bir kişi, bu soruyu hisseder ve kendisine sürekli şu soruyu sorar: "Hayatımızın anlamı nedir?" İşte bu soru, onu cevapları aramaya iten şeydir.

İnsanlar hızlı tedaviler isterler. Kabala ile alakalı olduğu düşünülen ama hiçbir ilgisi bulunmayan büyü, meditasyon ve tedavileri öğrenmek isterler. Esasında, bu kişiler Üst Dünyaların açığa çıkarılmasına veya manevi âlemlere erişme yöntemlerini öğrenmeye gerçekten ilgi duymazlar. Bu, Kabala çalışmaya yönelik gerçek bir arzu olarak nitelendirilemez.

Kişi, doğru vakit geldiğinde ve ihtiyaç var olduğunda, bir çalışma biçimi arayacak ve doğru olan çalışma biçimini bulana kadar tatmin olmayacaktır. Üst Dünyaları hissetmek ve keşfetmek için kalbinde oluşan gerçek arzu, kendisini Kabala yöntemine yöneltir.

KABALA NASIL ÇALIŞILIR?

Bundan birkaç yüzyıl önce, bu konuyla alakalı kitapları veya Kabala kitaplarını bulmak imkânsızdı. Kabala, sadece bir Kabalistten bir başka Kabaliste, sıradan insanlara asla verilmeden iletildi. Günümüzde bunun tam tersi söz konusudur. Materyalleri herkese ulaştırma ve herkesi Kabala çalışmasına dahil etme amacı güdülmektedir. Bu kitapları çalışırken, maneviyat arzusu gelişir, bu vasıtayla bizi Saran Işık, bizden saklı olan gerçek dünya maneviyatının özel büyüsüne yakın olmak isteyen kişilere yansımaya başlar ve bu da o kişilerde arzu yoğunluğunu artırır.

Kabalistler, Kabala çalışmasının, bu alanda eğitilmemiş kişiler tarafından yapılmasını, bunu belli nedenlerden dolayı yapma durumları hariç, yasakladılar. Öğrencilerin doğru biçimde çalışmalarını sağlamak için dikkatli davrandılar. Öğrencilerini belli kıstaslarla sınırlamışlardı.

On Sefirot'un Çalışmasına Giriş kitabının başlarında, Baal HaSulam bu nedenleri açıklamaktadır. Fakat bu kısıtlamaları, Kabala'nın doğru biçimde anlaşılması için gerekli koşullar olarak algılarsak, göreceğiz ki bu koşullar, öğrencilerin Kabala öğreniminden sapmalarını önlemek için gerekli bir yöntem olarak getirilmiştir.

Değişime uğrayan şey, Kabala çalışmak için daha iyi koşulların ve daha güçlü bir kararlılığın olması ve Kabala dilini daha iyi bilmemizdir. Çünkü ruhlar, Kabala'yı ve Baal HaSulam gibi Kabalistlerin yazdığı ve bizim hatasız biçimde çalışmamıza olanak veren yorum ve çevirileri çalışmak ihtiyacını hisseder. Bu kitaplar vasıtasıyla artık herkes Kabala öğrenebilir.

Kabala'nın Gizli Bilgeliği

Michael Laitman

Kabala'yı doğru biçimde çalışmak için, öğrencilerin sadece Ari'nin, Baal HaSulam'ın ve Rabaş'ın yazdıklarına ve bunların orijinal versiyonlarına odaklanmaları tavsiye edilir. Kabala'nın ana hedefi maneviyata erişmektir. Sadece bir şey gereklidir: Doğru öğretim. Şayet bir kişi Kabala'yı doğru biçimde çalışırsa, kendini zorlamaksızın ilerler. Maneviyatta hiçbir zorlama yoktur.

Çalışmanın amacı, kişinin kendisi ve bu kitaplarda yazılı olan şeyler arasındaki bağlantıyı keşfetmesidir. Bu bağlantı ve keşif daima akılda olmalıdır. Bundan dolayıdır ki Kabalistler tecrübe ettikleri ve edindikleri şeyleri yazmışlardır. Bu, bilimde olduğu gibi, realitenin nasıl inşa edildiği ve işlediği hususunda bilgi elde etmek amacına dayanmaz. Kabala metinlerinin amacı, manevi gerçek hakkında bir anlayış ve yakınlaşma yaratmaktır.

Şayet bir kişi metinlere maneviyat edinmek için yaklaşırsa, metinler bir Işık kaynağı olur ve onu ıslah eder. Eğer kişi metinlere bilgelik kazanmak için yaklaşırsa, bunlar o kişi için yegâne bilgelik haline gelir. İçten gelen talebin ölçüsü, kişinin gücünün ölçüsünü ve ıslahının süratini belirler.

Bu, şu anlama gelir ki eğer bir kişi doğru biçimde çalışırsa, bu dünya ve manevi dünya arasındaki bariyeri aşar. İçsel ifşanın olduğu bir yere girer ve Işığa erişir. Bu, güzel bir işaret olarak bilinir. Eğer kişi buna erişemezse -çabalarının niteliği ve niceliği açısından ihmalkâr olduğunun işareti ortaya çıkar- yeterli çabayı göstermemiştir. Sorun, ne kadar çok çalıştığı değil, istek ve niyetlerine nasıl odaklandığıdır ya da kişinin bir şeylerden mahrum olduğudur. Fakat eğer kişi kendini ıslah etme arzusuna erişirse, maneviyatı elde edebilir. Sadece o zaman algı ve hissiyat, kişinin bir başka

Michael Laitman

Kabala'nın Gizli Bilgeliği

dünyaya, realiteye ve bir başka boyuta girmesine izin vermek için açılır. Bu aşamaya, doğru biçimde Kabala çalışarak erişebilir.

Sadece hoş şeylerden kaçınarak, Kabala'yı kucaklamak gerçekleşmez, bundan dolayı kişinin arzusu da tutuşmaz. Islah, kendi kendini cezalandırarak olmaz, fakat daha ziyade manevi edinim sonucu ortaya çıkar. Kişi maneviyatı edindiğinde, Işık ona görünür ve onu ıslah eder.

Bu, kişinin değişmesinin yegâne yoludur. İyi bir dış görünüş, tavır takınarak maneviyata erişeceğine inanıyorsa, kişi yanılgıdadır, bu tür metotlar ikiyüzlülüktür. İç ıslah oluşmayacaktır, zira sadece Işık ıslah edebilir. Çalışmanın amacı, kişiyi ıslah eden Işığın davet edilmesidir. O nedenle de, sadece bu amaç için kendisi üzerinde çalışmalıdır.

Eğer herhangi bir baskı ya da mecburi kurallar veya düzenlemeler varsa, bu insan yapımı olduğunun ve Üst Dünyalardan gönderilmediğinin bir işaretidir. Ayrıca, iç huzur ve iç uyum, maneviyat edinimi için ön koşul değildir. Bunlar, ıslahın sonucu ortaya çıkacaktır. Fakat kişi, kendisi tarafından bir çaba olmaksızın bunun meydana gelebileceğine inanmamalıdır.

Kabala yöntemi, kesinlikle herhangi bir zorlama biçimini reddeder. Kişiye maneviyatın işaretini verir ve onun maneviyatı maddiyata tercih etmesine neden olur. Sonra, kişinin maneviyata ilişkin arzu ve isteğini açıklığa kavuşturur. O nedenle de, maddi nesnelere olan ihtiyaçları veya onların cazibesine kapılma durumları yok olduğu için, kişi bu maddi nesnelerden uzaklaşır. En iyi niyetlerle bile olsa Kabala'yı yanlış biçimde çalışmak, kişiyi maneviyattan uzaklaştırabilir. Böylesi bir çalışma sadece başarısız olacaktır.

Kabala'nın Gizli Bilgeliği

Michael Laitman

Kabala'yı öğrenenler anlayışlarında yanılamazlar. Kabala, bu dünyadan olan isimleri kullanmaz, ama manevi nesneler ve güçler için gerekli olan manevi aletleri gösteren ve bu nesneler ile güçler arasındaki ilişkiyi direkt şekilde ortaya koyan özel bir sözlüğe sahiptir. O nedenle, öğrencinin iç gelişimini yapması ve kendisini ıslah etmesi için gerekli olan en kullanışlı dildir. Eğer Baal HaSulam'ın eserlerini çalışırsak, kafamızın karışmasına dair hiçbir tehlike yoktur.

Maneviyat, doğru kitapları çalışarak yani gerçek bir Kabalist tarafından yazılan kitapları çalışarak elde edilebilir. Kutsal olarak adlandırılan kitapların metinleri, Kabala metinleridir. Bu metinler, Kabalistlerin öğrenirlerken birbirlerine yardımcı olmak ve fikir alışverişi yapmak için birbirlerine yazdıkları kitaplardır. Manevi duyguları gelişmiş olan bir kişi, bu kitapların kendi gelişimini devam ettirmesinde ne kadar yardımcı olduğunu anlayabilir. Tıpkı yabancı bir ülkede bir tur rehberi eşliğinde gezinmek gibidir. Kılavuz kitabın yardımıyla seyahat edenler, yönlendirilmiş olurlar ve nerede bulunduklarını daha iyi anlarlar.

Ruhumuza uygun olan kitaplara, bizim neslimiz veya bir önceki neslin Kabalistleri tarafından yazılan kitaplara ihtiyacımız vardır; zira her bir nesil farklı ruhlardır ve her bir nesil farklı öğretme metotlarını gerektirir.

Kabala öğretmeni arayışında olan bir öğrenci, bu arayışını dikkatlice yapmalıdır. Sözde Kabalistler vardır ki yanlış öğretirler. Örneğin bazen, metinlerde her nerede vücut kelimesi geçse, bunun fiziki vücudu kastettiği, sağ elin hayırseverliği, sol elin de cesareti sembolize ettiği iddia edilir. Bu tip söylemler, eski kutsal metinlerde ve Kabalistler tarafından belirtilen şu yasağın anlaşılmamasından dolayıdır: "Heykel veya resim yapmayacaksın!" Bu cümlenin anlamı, manevi dünyalardan bahseden kitaplarda geçen cümle veya kelimeleri, fiziki dünyamızda herhangi bir şey ile eş koşmamaktır. Yani manevi âlemlerden bahseden metinler, asla bu dünyamızdaki olgulardan bahsetmez.

Acaba neden bu şekilde öğreten veya yorumlayan, çeviren kişiler vardır? Öncelikle, onların kendileri dalların Kabalistik dilini anlamamışlardır. Manevi güçler ve fiziki vücudumuz arasında direkt bir bağlantı olsaydı, insanlara hayatta başarılı olmalarını öğretmekte ve maneviyat kılıfı altında fiziksel yöntemlerle vücudu tedavi etmelerini öğretmekte başarılı olunabilirdi.

Yazılı Kabala eserlerini keşfetmek için, doğru çalışma grubuna katılmak önemlidir. Bu, bir Kabalistin rehberliğinde olmalıdır. Grup kişiye güç katar. Herkesin maddecilik için en azından küçük bir arzusu ve maneviyat için de çok daha küçük bir arzusu vardır. Maneviyat arzusunu yükseltmenin yolu, ortak arzu vasıtasıyla olur. Bir arada olan birkaç öğrenci Or Makif'i (Saran Işık) uyandırır. Fiziki vücudun insandan ayrılmasına rağmen, bu olay maneviyatı etkilemez, zira maneviyatta, kalp noktası herkes tarafından paylaşılır ve daha büyük bir sonuç ile nihayetlenir.

Kabalistlerin tamamı gruplar halinde çalışanlardır. Kabalist Şimon Bar Yohai ve öğrencileri bir grup oluşturmuştur, aynı şekilde Ari de. Gelişmek için grup şarttır. Grup, Kabala'nın esas aracıdır ve herkes gruba yaptığı katkı ile ölçülür, değerlendirilir.

Kendisi de bir Kabalistin rehberliğinde çalışmış gerçek bir Kabalistten öğretiyi almak esastır. Grup, Kabalist ihtiyacını ortadan kaldırmaz, bir Kabalist olmaksızın grup imkânsızdır, zira o grubu yönlendiren kişi Kabalisttir.

35

Kabala'nın Gizli Bilgeliği

Michael Laitman

Kabalist ve kitaplar, öğrencinin doğru çalışma yönteminden sapmaması için ona yardımcı olurlar. Öğrenci, kendi üzerinde ve kendi iç varlığı üzerinde çalışır. Hiç kimse bir başkasının ne gruptaki yerini ne de manevi seviyesini bilir. Kitaplar, grup ve Kabalist, sadece o kişiye doğru yolda kalmasında ve başka arzuları ya da değersiz girişimleri yapması yerine maneviyat arzusunu artırmasında yardımcı olurlar.

Öğrencilerin başarısız olmalarını engellemek için, bir soru-cevap listesi, kelimeleri ve ifadeleri içeren bir indeks verilir. Manevi çalışma boyunca tüm dikkatler, anlamanın derinliğine veya ölçüsüne değil de manevi gerçeğe çekilir. Önemli olan nokta, öğrencinin sadece entelektüel olarak ilerlemesi değil, aynı zamanda manevi olarak ilerlemek için motive olmuş olmasıdır.

İnsanların, daha başarılı olma umuduyla Kabala bilgeliğinin cezbine kapıldıkları doğrudur. Hepimiz haz alma arzusundan meydana gelmişizdir. Bu bizim temel öğemizdir fakat doğru yönlendirme ile kimimiz maneviyatı ve sonsuzluğu edinir. Doğru yönlendirmeye sahip olmayan başkaları ise, manevi bir şeye erişmiş olduklarının hayaliyle yaşarlar. Esasında, onlar bu ömürlerinde maneviyatı edinme fırsatını kaybederler.

MANEVİYAT VE KABALA

İnsan, kendisi için bir menfaati olmaksızın bir ilerleme yapamaz. Harekete geçmesi için öncelikle içindeki avantajı nasıl elde edebileceğini anlamalıdır. Bu edinim, kendisini hareket ettiren yakıt olarak görev yapar. Bu yakıt, ya derhal kazanılacır ya da kendisinin öngördüğü gelecekteki yakıtıdır. Eğer kişi herhangi bir menfaatin var olduğunu hissetmezse, derhal eylemlerini durduracaktır. Bu, insanın bir şey kazanacağını hissetmeksizin var olamamasından dolayıdır.

Kabala, insana nasıl alınacağını öğretir. Kişi, maneviyatı edinmek için alma arzusunu genişletmelidir. Bu dünya da dahil olmak üzere bütün dünyaları içine alma arzusunu genişletmelidir. İnsanın yaratılmasının amacı budur. Yaşamdan uzak durmak, bir keşiş veya bir çilekeş olmak gerekmez. Bilakis, Kabala, insana evlenmesini, çocuk sahibi olmasını ve çalışmasını, tam bir hayat sürmesini tavsiye eder. Hiçbir şeyden vazgeçilmemelidir; her şey bir amaç nedeniyle yaratıldı ve insan hayattan geri çekilmemelidir.

Kişi Kabala çalışmaya başladığı zaman, hiçbir manevi duyguya sahip olmayabilir ve o nedenle de zekâsının yardımıyla öğrenme sürecine girişir. Bizden zekâmız vasıtasıyla kalbimizi açmamız beklenir. Kalp geliştiği zaman, neyin doğru olduğunu, neyin olmadığını hissederiz ve doğal olarak doğru karar ve eylemlere çekiliriz.

Kabalistler, öğrencinin daha çok Işık, daha çok farkındalık ve daha çok manevi his alma arzusunu geliştirmesine olanak vermesi için, maneviyatı küçük dozlarda öğretmeye başlarlar. Çoğalmış bir arzu, beraberinde daha büyük bir derinlik, anlayış ve edinim sağlar. Sonra, kişi edinebileceği en üst manevi seviyeye, ruhunun köklerine ulaşır.

Bnei Baruch Eğitim ve Araştırma Enstitüsü

Kabala'nın Gizli
Bilgeliği

Michael Laitman

REENKARNASYON VE KABALA

Hiçbirimiz yeni ruh değiliz; hepimiz diğer reenkarnasyonlardaki önceki yaşantılarımızdan deneyim biriktirmişizdir. Geçmişteki 6 bin yıl boyunca her bir nesilde, ruhlar çeşitli kereler buraya, dünyaya inmişlerdi. Onlar yeni ruhlar değildirler, fakat manevi gelişimin bir biçimini edinmiş olan farklı türlerdeki ruhlardır.

Ruhlar, dünyaya özel bir düzen içinde inmişlerdir. Dünyaya tekrar tekrar girerler. Ruhların sayısı sonsuz değildir. Islah yönünde ilerleyerek tekrar tekrar geri gelirler. Az ya da çok aynı olan, yeni fiziki bedenler içinde kılıflanmışlardır, fakat inen ruhların çeşidi farklıdır. Buna günümüzde reenkarnasyon denir. Kabalistler ise başka bir terim kullanır: Nesillerin Gelişmesi.

Ruhun ve bedenin birleşmesiyle gerçekleşen bu karşılıklı birleşme, ruhun ıslahına yardımcı olur. İnsandan "ruh" diye bahsedilir, "beden" diye değil. Bedenin kendisi değiştirilebilir, tıpkı bugün organların değiştirilebilir olması gibi. Beden, sadece ruhun çalışabilmesine olanak veren kılıf olarak hizmet etmesi açısından yararlıdır. Her bir nesil fiziki olarak bir öncekine benzer ama birbirlerinden farklıdırlar, çünkü her seferinde ruhlar, buradaki bir önceki yaşamlarından eklenmiş deneyimlerle inerler.

Böylece, her bir nesil, bir önceki nesilden farklı arzu ve hedeflere sahip olur. Bu, her bir neslin kendi özel gelişimine neden olmasını sağlar. Gerçek realiteyi veya Yaradan gibi olma tanımlamasını bilme arzusuna erişmeyen bir nesil bile, tecrübe ettiği ıstırap ile görevini yerine getirir. Bu, o neslin gerçek realiteye doğru yaptığı ilerlemenin kendi biçimidir.

Bütün ruhlar, Adam HaRişon (ilk insanın ruhu) diye adlandırılan tek bir ruhtan gelirler. Bu, kutsal kitaplardaki

kişilik olan Âdem değildir; manevi, iç realitenin bir kavramıdır. İlk insanın ruhunun parçaları, vücut şeklini alarak, vücut ve ruh arasındaki bir bağlantıyla dünyaya inerler. Realite öyle bir şekilde yönlendirilir ki ruhlar iner ve kendilerini ıslah ederler. Ruhlar, vücut biçimine büründüklerinde, seviyelerini başladıkları seviyeden 620 kat yukarı çıkarırlar. Ruhların bir bedene bürünme realitesine indiği düzen, hafiften ağıra doğru gider.

İlk insanın ruhu, kimisi ağır kimisi hafif olan ve sahip oldukları egoizm miktarına bağlı olarak birçok bölümden ve birçok arzudan meydana gelir. Önce hafif olanlar, daha sonra da ağır olanlar bu dünyaya gelirler. Bundan ötürü, ıslah gereksinimleri farklılık gösterir.

Ruhlar, dünyaya inmeleri esnasında, ıstıraplarından deneyimler toplarlar. Buna ıstırabın yolu denir, zira bu deneyim ruhu geliştirir. Ruh, her reenkarne oluşunda, onu mevcudiyetine, köklerine ve insan yaşamının önemine dair soruların cevaplarını aramaya iten, bilinçsiz bir dürtüye sahip olur.

O nedenle, az gelişen ve çok gelişen ruhlar vardır. Ruhları çok gelişenler, gerçeği tanımlamak için öylesine büyük bir dürtüye sahip olurlar ki kendilerini bu dünyanın sınırlarıyla sınırlamazlar. Eğer onlara doğru aletler, doğru kitaplar ve doğru talimatlar verilirse, manevi dünyanın tanımlamasını elde edeceklerdir. Ayrıca, Kabala, inen ruhları saf veya daha az arınmış ruhlar olarak tanımlar. Bu, ruhun ne kadar ıslaha ihtiyacı olduğuyla ilgili bir ölçektir. Daha çok ıslah gerektiren ruhlara, daha az arınmış ruhlar denir.

Farklı ruhlar indikçe, her bir neslin ruhu için özel olan, ona özgü olan, ayrı bir rehberlik ve ıslah gerektirirler. Bundan

Michael Laitman

dolayıdır ki her bir nesilde bizi manevi ilerleyişimizde yönlendiren insanlar vardır. Bu kişiler, o nesle en çok uyan realiteyi keşfetme yöntemini iletmek için kitaplar yazmışlardır ve çalışma grupları oluşturmuşlardır. Bu medya çağında, bu kişiler televizyonda, radyoda, son olarak da internette ortaya çıkabilirler.

Ari'nin ruhu görünmeden önce, bu dünyada deneyimleri toplama ve azim dönemi vardı. Islaha doğru bir gelişme yapmak için, ruhların mevcudiyeti yeterliydi. Topladıkları ızdırap, bu ızdıraptan kurtulmaları için ruhlarına bir aciliyet sağladı. Izdıraplarını geride bırakma arzusu, nesillerin gelişmelerinin arkasındaki motive edici güç idi.

Bu dönem, Ari ortaya çıkıp kendi neslinin ve ondan sonra gelecek olan dünyanın bütün nesillerindeki erkeklerin, kadınların ve çocukların Kabala ile uğraşabilmeleri için onlara gerekli olan şeyleri yazana kadar, yani 16. yüzyıla kadar sürdü. Gerekçe şuydu ki dünyaya inen ruhların gerçek realiteyi anlayabildikleri ve Ari'nin geliştirdiği özel bir yöntemle kendi ıslahlarını tamamlamaya hazır oldukları nesillerin gelişimi için vakit gelmişti. Kendileri için gerekli olan şeyleri elde edebilirlerdi.

Ruhlar, hâlâ fiziki bedenler içindeyken sadece bir arzuya sahiptirler: Köklerine, inişlerinden önceki seviyeye geri dönmek. Fiziki bedenler, alma arzuları ile onları tekrar bu dünyaya çekerler. İnsan, bilinçli olarak, manevi açıdan yükselmeyi arzu eder. Bu uyuşmazlık tarafından yaratılan sürtüşmeye harcanan büyük çaba, ona daha önceki seviyesinden 620 kez yukarı yükselmesine yardımcı olan şeydir.

Eğer bir ruh bu görevini tamamlamazsa, dünyaya indiği bir sonraki seferde ıslahı daha çok hak ederek reenkarnasyona uğrayacaktır.

Bazen, bir sonraki reenkarnasyonda daha çok başarılı olalım diye, arzu ve isteklerimizi reddetmemiz gerektiğine inanırız. Zannederiz ki tıpkı bir kedinin yapacağı gibi biraz yemek ve güneşte uzanma haricinde herhangi bir şeyi arzulamamalıyız. Fakat, bunun tam tersi doğrudur, zira bir sonrakinde daha acımasız, talepkâr, sert ve agresif bile olabiliriz.

Yaradan, mükemmel olmamız için bizden manevi haz ile dolu olmamızı ister. Bu, sadece büyük bir arzu ile mümkündür. Sadece ıslah olmuş bir arzu ile gerçekten manevi dünyaya erişebilir, güçlü ve aktif olabiliriz. Büyük bir zarar vermeyecek olmakla birlikte, eğer arzumuz küçük ise bize çok fazla bir iyilik de yapmaz. Arzuya, sadece doğru bir etkiden dolayı işlev gördüğü vakit ıslah olmuş denir. Bu otomatik olarak gerçekleşmez, fakat Kabala'yı doğru biçimde çalışarak elde edilir.

Alma arzusuna dayandırılmış ve ruhlardan oluşan bir piramit vardır. Piramidin alt bölümünde, küçük arzulara sahip, dünyevi olan, hayvana benzer bir davranışla rahat bir hayat sürmeyi arayan birçok ruh vardır. Piramidin bir sonraki bölümü, zenginlik elde etme dürtüsüne sahip olan daha az sayıdaki ruhlardan oluşmaktadır. Bu ruhlar, zengin olmak uğruna kendilerini feda eden, zenginlik edinmek için bütün yaşamlarını bu uğurda vakfetmek isteyen insanlardır.

Piramidin bir sonraki bölümünde, başkalarını kontrol etmek, onları yönetmek ve güç noktalarına erişmek için her şeyi yapacak olan kişiler vardır. Pek az ruh tarafından hissedilen, daha büyük bir arzu ise bilgi içindir. Bu kişiler, yaşamlarını özel bir şey bulmakla meşgul olarak geçiren bilim insanları ve akademisyenlerdir. Bu kişiler sadece ve sadece yapacakları önemli buluşlarla ilgilidirler.

Piramidin zirvesinde ise sadece çok az ruh için gelişen, manevi dünyanın edinimi için olan, en güçlü arzular vardır. Bu seviyelerin tamamı, piramit içinde inşa edilidir.

İnsan da kendi içinde aynı arzu piramidine sahiptir ki en saf arzuyu, gerçeği isteyen sonsuz arzuyu hedeflemesinde piramidin ağırlığı onu zorlasın diye, bu piramidi ters çevirmek zorundadır. Bütün dünyevi egoist arzularını reddedip bunlardan kurtulmak, bütün çaba ve enerjisini maneviyat arzusunu artırma yönünde harcamak zorundadır. Buna, doğru çalışma yöntemiyle erişir.

Eğer kişi gerçekten maneviyat arzusunu artırmak isterse, bu durumda etrafındaki Işık, kendisinden saklı olan manevi dünya, kişinin bu arzusunu daha da artırarak tekrar ona yansımaya başlar. Bu aşamada, bir Kabalistin rehberliğinde olan grup çalışması elzemdir.

Günümüzde inen ruhlarda oluşan önemli değişim, etrafımızda manevi bir sisteme ulaşmak için kesin bir arzu görmeye başladığımız olgusunda yatmaktadır. Sıradan insanlar bile manevi bir şeyi, bizim dünyamızın ötesindeki bir şeyi arıyorlar.

Gerçi bu maneviyat, her türden kestirme yöntemi, büyücülük hilesini ve ezoterik öğretiyi içerebilir, yine de farklı bir realite arayışına işaret eder. Eğer bir nesil, kendi ruhları içinde daha güçlü bir arzu gösterirse, bu ruhlara uygun yeni bir metot ortaya çıkacaktır.

Son 15 yıl içinde, yeni ruhların inişinde hızlı ve faal bir gelişme olmuştur. Bu ruhların arzusu daha güçlü ve daha gerçektir. Sadece, gerçek realiteyi elde etmeye yöneltilmiştir.

Realitenin bizimle nasıl bir ilişki içinde olduğunu, ondan nasıl etkilendiğimizi gerçekten anladığımızda, yasak olan şeyi yapmayı bırakacağız, doğru şey üzerinde ısrar edeceğiz ve onu yapacağız. Sonra, gerçek dünya ile kendimiz arasındaki uyumu keşfedeceğiz.

Bu arada, bilinçsiz olarak hata yaparız, sonra hata yaptığımızı anlarız. Bundan kaçınmanın mümkün olmadığı sanılabilir. Bundan dolayıdır ki insan kendisini gitgide daha çok bir çıkmaz sokakta, gitgide zorlaşan ikilemlere saplanmış olarak bulur. Bir parçası olduğumuz manevi dünyayı kabul etmekten başka alternatifimiz olmadığını anlayacağız. Bu kabul, bizi sadece bireyler olarak değil, kolektif bir bünye halinde, bilinçli bir şekilde hareket etmeye başlayacağımız, yeni bir duruma götürecektir.

Bütün insanlar tek bir ruh içinde birbirine, bir ruh da nesilden diğer nesile bağlıdır. Hepimiz ortak sorumluluğa sahibizdir. Bundan dolayıdır ki Kabalist, "dünyanın kurucusu" olarak görülür. O, bütün dünyayı etkiler ve bütün dünya da onu etkiler.

Michael Laitman

KABALİSTLERİN DİLİ: DALLAR

Bir şeyi hissettiğimizde veya düşündüğümüzde ve onu bir başkası da hissedebilsin diye o kişiye iletmeyi istediğimizde kelimeleri kullanırız. Kelimelerin kullanımı ile anlamlarında genel bir uzlaşma vardır; bir şeye "tatlı" dediğimizde bir başka kişi derhal ne kastettiğimizi anlar, çünkü o da aynı lezzeti hayal eder. Fakat onun bu "tatlı" lezzetine ilişkin kavramı, bizimkiyle ne kadar aynıdır? Hâlâ kelimeleri kullanırken hislerimizi en iyi nasıl iletebiliriz?

Kabalistlerin hisleri bizim seviyemizin üstündedir. Fakat onlar, bizim için hiçbir anlamı olmayan şeylerle ilgili olan yorumlarını bize iletmeyi isterler. Bunu, dünyamızdan aldıkları yöntemler, aletler vasıtasıyla yaparlar: çoğu kez kelimelerle, bazen müzik notalarıyla ve bazen de başka yöntemlerle.

Kabalistler, Üst Dünyalardaki deneyimleri ve duyguları hakkında eserler yazarlar. Diğer Kabalistler için yazarlar, zira kendilerinin çalışmaları arasındaki etkileşim çok elzemdir ve faydalıdır. Sonra, yazdıkları eserler, maneviyatı henüz hissetmemiş olan kişilere, maneviyatı hâlâ gizli olan kişilere eriştirilir.

Onların manevi hislerini tanımlamaları için manevi dünyada hiçbir kelime olmadığından, Kabalistler bu deneyimlere "dallar" derler, yani bizim dünyamızdan alınan bir kelimedir. O nedenle de Kabala ile ilgili olan kitaplarda kullanılan dile "dalların dili" denir. Manevi deneyimlerin tanımlanması amacıyla, dünyamızın kelimelerini ödünç alan ve onları kullanan bir dildir. Manevi dünyadaki her şey fiziki dünyada bir karşılığa sahip olduğu için, manevi dünyanın her bir kökü bir isme ve dalların adına sahiptir.

Michael Laitman

Kabala'nın Gizli Bilgeliği

Ve duygularımızı tam olarak açıklayamadığımızdan ve duygularımızı nasıl ölçeceğimizi veya kıyaslayacağımızı bilmediğimizden dolayı, yardımcı olması için her çeşit yardımcı kelimeyi kullanırız.

Kabalist Yehuda Aşlag, Talmud Eser Sefirot isimli kitabında şöyle yazar: "...Kabalistler, 'dalların dili' olarak açıklanabilecek özel bir dili seçerler. Bu dünyada, kökünü manevi dünyadan almayan hiçbir şey meydana gelmez. Bilakis, bu dünyadaki her şey manevi dünyada ortaya çıkar ve sonra bu dünyaya iner. Ondan dolayı Kabalistler, edinimlerini sözlü olarak birbirlerine ve yazılı olarak gelecek nesillere kolaylıkla iletebildikleri hazır bir dil buldular. Dalların isimlerini maddi dünyadan aldılar; her bir isim kendi kendini açıklar niteliktedir ve Üst Dünya sisteminde bulunan üst kökünü gösterir."

Bu dünyadaki her bir kuvvet ve eylem için, kökü manevi dünyada olan bir kuvvet ve eylem bulunur. Her bir manevi güç, sadece bir güç ile, maddi dünyadaki dalıyla ilişkilidir.

Bu direkt ilişki ile ilgili olarak şu yazılıdır: "Bu dünyada büyümesi için onu yukarıdan zorlayan bir meleğe sahip olmayan hiçbir şey yoktur." Yani bu dünyada, manevi dünyada karşılığı olmayan bir güce sahip olmayan hiçbir şey yoktur. Bu direkt ilişkiden ve maneviyatın isimlere sahip olmamasından ötürü - hayvan, mineral, bitki veya konuşma kabukları olmadan, sadece duygular ve güçler vardır - Kabalistler, manevi köklerini tanımlamak için bu dünyadaki dalların isimlerini kullanırlar. Baal HaSulam şunları yazmaktadır:

Bütün tanımlar, aların yardımıyla, Kabala kitaplarında, özellikle de temel Kabala kitapları olan Zohar ve Ari'nin kitaplarında, bazen insan maneviyatı açısından yabancı

45

Michael Laitman

bir terminoloji olarak görünen şeyleri anlayacaksınız. Bu durumda şu soru ortaya çıkar: O denli yüksek fikirleri ifade etmek için Kabalistler neden bu kadar basit bir terminoloji kullandılar? Bunun açıklaması şudur ki dünyadaki hiçbir dil, söz konusu üst köklere dayalı olan özel dallar dili hariç, mantıklı biçimde kullanılamaz... Eğer bazen yabancı ifadeler kullanılırsa, bu şaşırtıcı olmamalıdır çünkü başka seçenek yoktur. İyi konusu, kötü konusunun yerini alamaz. Daima, üst kökü gösteren olayı veya dalı, gereği gibi tam olarak iletmek zorundayız. Ayrıca, tam bir tanımlama bulunana dek işin ayrıntılarına da girmek zorundayız.

Öğrenci, Kabala'da Kabalistik bilgeliğin ana fikirlerini tekrar eder: "Yer", "zaman", "hareket", "eksiklik", "beden", "bedenin parçaları" veya "organlar", "eş", "öpücük", "kucaklama", tekrar ve tekrar bunları yineler, ta ki kendi içinde her bir fikir için doğru hissi yakalayana kadar.

Son bir söz: Öğrencilerine hatalı yorumlar ileten bir takım sözde Kabala eğitmenlerinin de var olduğuna dikkat edilmelidir. Hata, Kabalistlerin "dalların dilini" kullanarak kitaplarını yazdıkları olgusundan ve manevi fikirleri ifade etmek için dünyamızdan kelimeleri kullandıkları olgusundan kaynaklanır. Bu dilin doğru kullanımını anlamayan kişiler hatalıdırlar. Bu kişiler, beden ve manevi Kli arasında bir ilişki olduğunu öğretirler: Örneğin, sanki kişi fiziki eylemlerle manevi bir şey yapıyormuş gibi. Dallar, Kabala'nın dâhili bir parçasıdırlar ve onların kullanımı olmaksızın kişi gerçek Kabala'yı öğrenemez.

KABALA VASITASIYLA REALİTEYİ HİSSETMEK

Dünya hakkında bildiğimiz her şey insan yapımı çalışmalara dayalıdır. Her bir nesil dünyamızı çalışır ve bilgisini bir sonraki nesle iletir. Bu vasıtayla her bir nesil, içinde yaşaması gereken tasarımın biçimini ve kendisinin öteki nesillerle olan ilişkisindeki konumunu anlar. Her dönemde, insan kendini saran dünyadan yararlanır.

Aynı süreç maneviyatta da meydana gelir. Hz. İbrahim'den ileriye her Kabalistler nesli, manevi dünyaları çalışır ve keşfeder. Bilimsel araştırmada olduğu gibi, elde ettikleri bilgiyi gelecek nesle geçirirler.

Bu dünyada, alma arzusu diye adlandırdığımız genel bir duyuya sahibiz ki bunun beş alıcısı vardır, yani bizim beş duyu organımız. Kişi ıslaha maruz kaldığında, altıncı hissi edinir ki bu manevi duyu olarak bilinir. Bu duyu ona manevi realiteyi hissetmesi için olanak tanır. Bu, diğer beş duyunun olduğu aynı kategori içinde değildir.

Bilim insanları da sadece beş duyu organlarını kullanırlar. Herhangi bir aleti - hassas, gelişmiş, teknik, mekanik veya başka çeşit bir alet – "objektif" olarak dikkate alırız. Fakat bu aletler, biz duyabilelim, görebilelim, koklayabilelim, tadma varabilelim ve dokunabilelim diye sadece duyularımızın sınırlarını geliştirirler. Nihayetinde, beş duyu organı aracılığıyla araştırma sonuçlarını ölçen, inceleyen ve değerlendiren, insandır. Açıkçası insan, duyular tarafından başarılan şeylere kesin, objektif bir cevap sağlayamaz. Kabala, bütün bilgeliğin kaynağı, bize bunu yapmamız için olanak verir.

Realiteyi çalışmaya başladığımızda, bizim ötemizde olan bir şeyi çalışamayacağımızı veya anlayamayacağımızı

47

Michael Laitman

fark ederiz, zira o şey bizim için bilinmezdir ve bizden gizlidir. Onu göremezsek, ona dokunamazsak veya onun tadına varamazsak, onun gerçekten var olup olmadığını sorgularız. Sadece duyularımızın ötesindeki, yüksekteki soyut üst Işığı elde edenler, yani Kabalistler gerçek realitemizi anlayabilirler.

Kabalistler, duyularımızın ötesinde sadece Yaradan olarak adlandırdığımız soyut üst Işığın var olduğunu bize söylerler. Hayal edin ki Işıktan oluşan bir denizin içinde, böyle bir okyanusun ortasındayız. Anlama yeteneğimiz bize izin verdiği müddetçe, böylesi bir okyanusun içine dahil olmuş görünen her çeşit duyguyu algılayabiliriz. Başka bir yerde meydana gelen bir olayı işitmeyiz. Duyma, işitme olarak adlandırdığımız şey, kulak zarımızın harici uyarıcılara verdiği cevap olarak gelir. Buna neyin sebep olduğuna dair bir şey bilmeyiz. Sadece kulak zarımızın içimizden bir yerden tepki verdiğini biliriz. Bunu içsel olarak değerlendirir ve harici bir olay olarak kabul ederiz. Kendimizin dışında neler olmaktadır, bunları bilmeyiz; sadece duyularımızın bu olaylara verdiği tepkiyi anlarız.

İşitme örneğinde olduğu gibi, aynı şey bizim diğer duyularımız için de geçerlidir; görme, tatma, dokunma ve koklama duyuları. Bu, bizim kutularımızdan asla çıkamadığımız anlamına gelir. Harici olarak meydana gelene dair söylediğimiz herhangi bir şey, aslında içimizde çizdiğimiz resmin kendisidir. Bu sınırlamanın üstesinden asla gelinemez.

Kabala çalışması, altıncı hisse ulaşmamız için doğal duyularımızın sınırlarını genişletmemizde bize yardımcı olabilir ki bu yardımla içimizdeki ve çevremizdeki realiteden haberdar olabiliriz. Bu realite gerçek realitedir. Bunun yardımıyla, duyularımızın harici olarak yaptıkları tepkileri tecrübe edebileceğiz. Eğer beş duyumuzun tamamını doğru biçimde yönlendirebilirsek, realitenin gerçek resmini göreceğiz. Sadece, manevi dünyanın özelliklerini içselleştirmemiz gerekmektedir.

Aynı, belli bir dalgaya ayarlanabilen radyo gibidir. Dalga, onu alan ve ona cevap veren radyonun dışında mevcuttur. Bu örnek bizim için de geçerlidir. Eğer en azından manevi dünyanın küçük bir kıvılcımını tecrübe edersek, onu kendi içimizde hissetmeye başlayacağız.

Bu gelişme sürecinde, Kabalistler gitgide daha çok manevi nitelik edinirler ve aynı ilkeye dayalı olarak inşa edilmiş olan her şeyle, manevi dünyanın bütün seviyeleriyle iletişime geçerler. Kişi, Kabala çalışırken, hem manevi hem de maddi olan arasında hiçbir fark gözetmeksizin bütün realiteyi anlamaya, hissetmeye, değerlendirmeye ve onunla çalışmaya başlar. Kabalist, manevi dünyaya bu dünyadaki bedeninin kılıfı içinde erişir. İki dünyayı da onları ayıran herhangi bir sınır olmaksızın hisseder.

Kişi, sadece bu gerçek realiteyi tecrübe ettiğinde, burada kendisine olanları açıklayan gerekçeleri görebilir, anlayabilir. Eylemlerinin sonuçlarını anlar. Sonra, hayatında ilk kez her şeyi yaşayarak, hissederek, kendisi ve yaşamı ile ne yapması gerektiğini bilerek pratik olmaya başlar.

Bunu fark etmeden önce, neden doğduğu, kim olduğu ve eylemlerinin sonucu hakkında bir şey bilme yetisine sahip değildir. Her şey maddi dünyanın sınırları içine yerleştirilmiştir ve kişinin bu sınırlara giriş yolu, aynı zamanda onun bu sınırlardan ayrılma yoludur.

Bu arada, hepimiz "Bu Dünya" diye adlandırılan seviyedeyizdir. Duyularımız eşit derecede sınırlıdır, o

Michael Laitman

nedenle sadece aynı resmi görebiliriz. Baal HaSulam şöyle yazmaktadır: "Bütün üst ve alt dünyalar insanın içindedir." Bu, Kabala bilgeliğine ve çevresindeki realiteyi yaşamaya ilgi duyan her kişi için anahtar cümledir. Çevremizdeki realite, hem Üst Dünyaları hem de bu dünyayı kapsar.

Şimdilik, bu dünyayı maddi, fiziki öğeler vasıtasıyla anlarız. Fakat çalışmaya başladığımızda, birkaç öğe dâhil ederiz ki bunlar vasıtasıyla öteki ilave öğeleri de keşfederiz. Bu, bize şimdi göremediğimiz nesneleri görmemiz için olanak verir.

İlk seviyemizde, çok altlarda bir seviyedeyizdir, zira diametrik olarak Yaradan'ın seviyesinin karşısında konumlandırılmışızdır. Fakat sonra, arzumuzu ıslah ederek bu seviyeden yukarı çıkmaya başlarız. Sonra, gerçekte hiçbir değişim olmamasına karşın, çevremizi saran bir başka realiteyi keşfederiz. İçimizde değişiriz ve değişimin ardından çevremizi saran diğer elementlerin farkına varırız. Sonra, bu elementler kaybolur ve her şeyin sadece yüce Yaradan sayesinde olduğunu hissederiz. Aşama aşama keşfetmeye başladığımız elementlere dünyalar denir.

Manevi realiteyi hayal etmeye çalışmamalıyız, ama onu hissetmeye çalışmalıyız. Onu hayal etmek, bizi ona erişmekten alıkoyar. Kabalistler Üst Dünyalara duyuları vasıtasıyla ulaşırlar, aynı bizim maddi dünyaya ulaşmamız gibi. Dünyalar, Yaradan ile bizim aramızda bulunurlar, O'nu bizden saklarlar. Baal HaSulam'ın da yazdığı gibi bu aynı, dünyaların Işığı bizim için filtre etmesi gibidir. Sonra, çevremizi saran realiteyi farklı biçimde görebiliriz. Esasında, bizimle Yaradan arasında hiçbir şeyin var olmadığını keşfedeceğiz.

Bütün bu karışıklığa, aramızdaki bu dünyalar, O'nu bizden saklar. Bunlar duyularımızın üzerine yerleştirilmiş maskelerdir. İbranicede Olam (Dünya) kelimesinin kökü, "He'elem"dir, gizlilik anlamındadır. Işığın bir bölümü iletilir ve bir bölümü de gizlidir. Dünya ne kadar üstte olursa, Yaradan da o kadar az gizlenmiş olur.

Bu dünyada olanlar, realitenin farklı resimlerini farklı biçimde çizerler. Mantık, realitenin herkese aynı olması gerektiğini söyler. Fakat bir kişi bir şeyi duyarken, başka bir kişi de başka bir şeyi duyar; bir kişi bir şeyi görürken, bir başkası aynı şeyi farklı biçimde görür.

Baal HaSulam, buna örnek olarak elektriği göstermektedir: Evlerimizde, elektriği kullanan alete ve bu aletin elektriği kullanma kabiliyetine bağlı olarak serinleten, ısıtan, vakum veya basınç oluşturan soyut enerjiyi içeren elektrik prizleri vardır. Fakat enerjinin kendi biçimi yoktur ve soyuttur. Alet, elektrikte bulunan potansiyeli ortaya çıkarır.

Aynı şeyi, hiçbir biçimi olmayan üst Işık, yani Yaradan için de söyleyebiliriz. Her bir kişi, kendi ıslah seviyesine göre Yaradan'ı hisseder. Çalışmaların başlangıcında, kişi sadece bu realitenin var olduğunu anlayabilir ama daha yüksek, üst bir gücü hissedemez.

Aşama aşama, duyularını kullanarak gerçek, geniş realiteyi keşfeder. Daha ileri bir seviyede, eğer çevresindeki Işığa göre duyularını ıslah ederse, kişi ve Işık arasında, yani insan ve Yaradan arasında hiçbir fark olmaz. Bu ikisinin nitelikleri arasında hiçbir farklılık yokmuş gibi bir durum ortaya çıkacaktır. Daha sonra, kişi gerçek anlamda tanrısallığa erişir. Tanrısallık, maneviyatın en üst seviyesidir.

Kabala'nın Gizli Bilgeliği

Michael Laitman

Yeni başlayan bir öğrenci, öğretmenini bile doğru biçimde anlayamazken, bu bilimde nasıl ustalaşabilir? Cevap çok basittir. Bu sadece manevi olarak kendimizi bu dünyanın üstüne kaldırdığımızda mümkündür. Eğer maddi egoizmin bütün izlerinden kendimizi kurtarırsak ve gerçek hedefimiz olarak manevi değerleri elde etmeyi kabul edersek. Eğer bu dünyamızda maneviyat için özlem ve tutku duyarsak ki Üst Dünya için anahtar budur.

Michael Laitman

Kabala'nın Gizli Bilgeliği

KABALİSTİK MÜZİK

Zohar'ın yorumu olan Sulam açıklamasının yazarı Baal HaSulam, kendi manevi hislerini sayısız miktarda yayınlamış eserler aracılığıyla ifade etmiştir. Bu eserler arasında manevi duygularına dayalı olan şarkılar yazmış ve melodiler bestelemiştir.

Müziğin kendisi, kişinin kendisini manevi dünyada hissetme biçimine dayandırılır. Müzik hususunda o kadar özel olan şey şudur ki herkes müziği anlayabilir; bestekârın manevi seviyesine erişmese bile. Oğlu Kabalist Baruh Aşlag'ın ilettiği şekliyle Baal HaSulam'ın müziğini dinleyerek, bu önemli Kabalistlerin manevi duygularını hissetme fırsatına sahibiz.

Kabalist, maneviyatta iki kutuplu aşamaya erişir: Yaradan'dan uzaklaşmanın sonucu olarak ıstıraba ve Yaradan'a yaklaşmanın sonucu olarak da sevince. Yaradan'dan uzaklaşma hissi hüzünlü bir müzik üretir ve bu müzik ona yakınlık için yalvaran bir dua ile ifade edilir. Yaradan'a yakınlık hissi ise sevinçli bir müzik üretir ve şükran bildiren bir dua ile ifade edilir.

O nedenle de, müzikte iki türlü ruh hali duyar ve hissederiz: Yaradan'dan uzaklaşırken O'nunla birleşme arzu ve isteği ve birleşmeyi keşfederken de sevgi, aşk ve mutluluk. Bu iki ruh hali beraber Kabalistin Yaradan ile birleşmesini ifade eder.

Müzik dinleyiciyi harika bir Işık içinde yıkar. Bu müziği dinlemeden önce onun hakkında herhangi bir şey bilmemiz gerekmez, zira bu müzik kelimesizdir. Fakat kalbimizdeki etkisi direkt ve hızlıdır. Onu tekrar tekrar dinlemek özel bir tecrübedir.

53

Kabala'nın Gizli Bilgeliği

Michael Laitman

Notalar, Kabalistik kurallara bağlı kalınarak bestelenir, insan ruhunun inşa ediliş biçimine göre seçilir. Dinleyici, notaların ruhunun derinliklerine, gizlerine sızdığını hisseder. Bu, ruhumuz ile notaların kökleri arasındaki direkt bağlantıdır.

1996, 1998 ve 2000'de Baal HaSulam'ın ve Rabaş'ın müziklerinin 3 CD'si kaydedilip yayımlandı. Melodiler, Kabalist Michael Laitman'ın melodileri hocası Kabalist Baruh Aşlag'dan, Baal HaSulam'ın yolunu takip eden, en küçük oğlundan işittiği şekliyle sunulur.

Michael Laitman

KABALA HAKKINDA SIK SORULAN SORULAR

Kabala hakkındaki bilgileri, dinleyerek, okuyarak, gruplar halinde çalışarak ve en önemlisi sorular sorup cevaplar alarak öğreniriz. Aşağıda, web sitemizden alınan, en sık sorulan sorular yer almaktadır.

Eğer herhangi bir sorunuz var ise cevap vermemizi isteyebilirsiniz. Bunun için lütfen şu e-mail adresine, turkish@kabalah.info yazınız veya www.kabala.info.tr sitesini ziyaret ediniz.

Soru: Kendime, dünyadaki konumuma dair sorular sormaktayım. Kabala'nın benim için uygun olup olmadığını bilmiyorum. Kabala nedir ve eğer Kabala çalışırsam bana ne faydası olacaktır?

Cevap: Kabala genel bir soruya cevap verir: Hayatımın ve mevcudiyetimin özü nedir? Kabala bu soruya cevaplar arayanlar içindir. Bu kişiler Kabala çalışması için en uygun kişilerdir. Kabala, insana hayatının kaynağını ve böylece de hayatının amacını gösterir.

Soru: Daima Kabala'nın gizli olduğunu düşünmüşümdür. Kabala aniden yeni, popüler bir konu haline geldi. Bu nasıl oldu?

Cevap: Binlerce yıldır, Kabala'yı yaymak yasaktı. Sadece 20. yüzyılda, Baal HaSulam'ın kitapları yayımlandığında, bize kısıtlama olmaksızın Kabala çalışma imkânı verildi. Onun eserleri, senin gibi Kabala hakkında bilgiye sahip olmayanlara yardım etmeyi hedeflemektedir. Kabala'yı yaygın ve geniş bir biçimde dağıtmak ve hayatındaki eksik manevi öğeleri arayanlara öğretmek yasak değildir.

Michael Laitman

Soru: Baal HaSulam'ın Kabala'nın Yahudi olan ve olmayan herkese öğretilmesi gerektiğini düşündüğü doğru mu? Sizce de, Yahudi olmayanların ıslah sürecinde bir yeri var mıdır? Yoksa Kabala sadece Yahudiler tarafından çalışılmak için midir? Ve bu ıslah süreci nedir?

Cevap: Muhtemelen kutsal kitaplardan da okumuşsunuzdur, ıslahın sonunda, gencinden yaşlısına, ırk ve cinsiyet farkı olmaksızın herkes Yaradan'ı öğrenecektir. Kabala, Yaradan'ın yarattığı insan ve alma arzusu ile alakalıdır. Bütün yaratılanlar bu alma arzusuna sahiptir. O nedenle de, ıslah sürecine katılmak isteyen herkes bunu yapabilir. Islah, kişinin niyetlerini egoist olandan, özgecil olana doğru değiştirmesi sürecidir, yani kişisel faydadan Yaradan'ın faydasına. Bütün insanlığın bu sürece dahil olması ümit ediliyor.

Soru: Kabala hakkında daha çok bilgi öğrenmeye ilgi duyuyorum. Benim gibi bir başlangıç öğrencisinin Kabala'ya başlamadan önce, din kitaplarını, yani yıllardır yazılı ve sözlü dini kanunları çalışması zorunlu değil midir? Yoksa öğrenmeye hemen şimdi başlayabilir miyim?

Cevap: Kabala çalışmak için bir ön koşul yoktur. Gerekli olan tek şey, kişinin öğrenme merakı ve isteğidir. Kişi, Kabala çalışması vasıtasıyla, eylemlerinde ve düşüncelerinde manevi dünyaya nasıl benzeyeceğini öğrenir.

Soru: Bir Kabalistin veya Kabala öğrencisinin, birisi ölsün diye o kişi üzerinde büyü yaptığı söylentisini işittim. Sorum şu: Böylesi bir şey mümkün mü? Şayet mümkünse, söylenebilecek bir büyü var mı? Ayrıca, iyi büyü uygulamalarıyla ilgili birkaç kitap satın aldım ve bu kitaplar söz konusu olduğu müddetçe, acaba beni doğru yönde yönlendirip yönlendiremeyeceğinizi bilmek isterim.

Cevap: Hangi kitapları satın aldığınızı bilmiyorum, ama bu kitapların gerçek Kabala ile bir ilgisi yoktur. Kabala büyü ile ilgili değildir. Çalışarak ve okuyarak Kabala hususunda daha iyi bir anlayış elde edinebilirsin. Birkaç okuma materyali öneririz, yani maneviyat yolundaki insanın gelişimi hakkında öğretilerde bulunduğumuz ve bizim hazırladığımız makaleleri. Bir grup ortamında bir öğretmen ile çalışmak önemliyken, bu makalelere ve ürettiğimiz özel manevi kitaplara web sitemiz vasıtasıyla erişebilirsiniz.

Soru: Yedi yıl önce, Yaradan'ı arayışıma başladım. Bu esnada, bütün hayatım mahvoldu ve değerli bulduğum her şeyi kaybettim. O'na şöyle seslendim: "Bana cevap verene kadar vazgeçmeyeceğim! Sen, bana kalan tek şeysin." Artık insanlar ve hayvanlar etrafındaki Işığı tecrübe etmeye başladım. Bu acaba bir Kabala manifestosu değil mi? Yaradan'ı bilmek ve manevi olarak gelişmek istiyorum.

Cevap: Sizin durumunuz tam da insanı Kabala çalışmaya motive eden bir durumdur. Yaradan'a giden yol çok zordur ve özel bir çalışmayı gerektirir. Ve sadece manevi bir his ona göründükten sonra, insan daha önceki duygularının sadece hayal gücünün bir ürünü olduğunu anlar. Kişi, bütün egoist niteliklerini özgecil niteliklere dönüştürüp Üst Dünyalara yükselmedikçe, Yaradan'ı hissedemez.

Soru: Anlıyorum ki Kabala kelimesi İbranice lekabel fiilinden yani almak fiilinden gelmektedir. Bu ne anlama gelir ve almanın amacı nedir?

Cevap: Başlangıçta, sadece Yaradan vardı. O, genel bir alma arzusu yarattı. Bu alma arzusuna, "İlk İnsan"

Kabala'nın Gizli Bilgeliği — Michael Laitman

(Adam HaRişon) adı verilir. İlk İnsanın Yaradan ile iletişim kurabilmesi için, genel alma arzusu birçok parçalara ayrıldı. Yaratılışın amacı Yaradan ile birliği edinmektir, çünkü sadece böyle bir durumda insan sonsuz huzura ve mutluluğa erişir.

Soru: Bu, uzak bir gelecekte bir gün tekrar sadece bir insan olacaktır mı demektir?

Cevap: Kabala, fiziki bedenimizle ilgilenmez, ama sadece manevi parçamızla ilgilenir. Üst Dünya, tek bir yaratılan, tek bir ruh gibidir ki bu ruhun parçaları kendimizi birbirimizden farklı hissederek algıladığımız bir alt dünyaya yansıtılırlar. Bunu daha basit biçimde açıklamak gerekirse: Esasında hepimizin tek bir manevi ruh olması gerçeğine rağmen egoizmimiz içinde sınırlı olduğumuz için, kendimizi birbirimizden farklı, ayrılmış hissederiz. O nedenle, bu ayrılma, farklılık sadece bizim yanlış algımızda mevcuttur; zira gerçekte hepimiz birizdir.

Soru: Zohar'da bulabileceğimiz kavramlardan bazıları nelerdir? Ve Zohar'ı kim yazdı?

Cevap: Zohar Kitabı, bu dünyadaki bir kişinin ruhunun kaynağına nasıl ulaşabileceğini açıklar. Bu yol veya merdiven, 125 basamaktan oluşur. Zohar'ın yazarı bu aşamaların hepsinden geçmiştir. Baal HaSulam'ın ruhu, Zohar'ın yazarı Kabalist Şimon Bar Yohai'nin eriştiği aynı yüksek manevi mevkiye erişmişti. Bundan dolayıdır ki Baal HaSulam bizim şu an kullanabildiğimiz Zohar açıklamasını bitirebilmişti.

Soru: Diğer Kabala merkezleri ve Kabalistler ile bağlantılı mısınız?

Cevap: Bney Baruh, Kabala ile ilgili olan diğer grup veya organizasyonlarla hiçbir şekilde bağlantılı değildir.

Michael Laitman

Soru: Yahudilikten başka bir din ile büyütüldüm. Benim inancım şudur ki Kabala'da bahsedildiğinden daha fazla tanrı ve daha fazla kutsal ruh vardır. Ve yaratılışın amacı insana bu dünyada ve ayrıca gelecek dünyada daha iyi bir yaşam vermek değil midir? Etrafıma bakıyorum ve bu dünyanın ne kadar korkunç bir yer olabildiğini görüyorum.

Cevap: Sadece Yaradan ve insan vardır. Yaratılışın amacı, bu dünyada iken Üst Dünyalara çıkmaktır. Bu, eğer insanın düşünceleri ve arzuları, Üst Dünyaların düşünce ve arzularına eşit olursa gerçekleştirilebilir; Kabala'da bu konu öğretilir. Yükselmek ve Yaratılışın amacına (bu her insanın hayattaki kişisel amacıdır ya da ölümünden sonra bu dünyaya dönmek zorundadır) erişmek isteyen kişi, tüm yaratılış hakkında pozitif düşünmek zorundadır.

Soru: Kendi eylemlerimin ve egomun sorumluluğunu almak zorunda olduğumu anlamaya başlıyorum. Hayatımda daha fazla manevi olan bir seviye elde etmek istiyorum. Nereden başlayayım? Ve eğer Kabala çalışırsam, özgür biçimde hareket edebilir miyim?

Cevap: İnsan, daima Yaradan'ın muhteşem gücünün önünde durduğunu hayal etmek zorundadır. Kabala çalışan ve belli bir manevi seviyeye çıkan herkes, istediğini kullanmasına izin veren bu muhteşem güçten böylesi yetenekleri elde edebilir. Ve Kabalist, daha büyük bir manevi seviyeye çıktıkça, daha çok Yaradan benzeri nitelikler ve güçler elde eder. Bundan ötürü, Kabalistin Yaradan kadar özgürce ve bağımsız şekilde hareket edebileceği de söylenebilir. Fakat hiçbir gerçek Kabalist, asla bu mahrem deneyimleri başkalarıyla paylaşmayacaktır.

Soru: Bir yerde okuduğuma göre, Kabala'da Yaradan için 72 ismin içerildiği bir bölüm var ve bu isimler

59

Michael Laitman

okunduğunda yazı bir mesajı ifşa ediyor. Ayrıca, İbranice karakterlere düşey olarak bakıldığında üç karakterli kolonlar halinde görüntülenir ve her bir kolon Yaradan için bir isim içerir. Yaradan'ın nesneleri burada olduğu gibi açıkta sakladığını ve sizin de bunu hiç fark edip etmediğinizi merak etmekteyim.

Cevap: Kabala, matrisler, geometri, sayılar, grafikler, karakterler ve harfler gibi birçok matematiksel kavramdan faydalanır. Bu yaklaşımlar Tora'da gösterilen kodlardır ve bizi manevi nesneler ve onlar arasındaki bağlantıya dair bilgilendirirler. Her manevi seviye, kendi ismine veya isimdeki bütün harflerin toplamına dayalı olan sayı karşılığına sahiptir. Bir ismin sayıya dönüştürülmesine gimatria denir. Bu kodlar, elde etmemiz gereken manevi seviyeleri ifade eder.

Soru: Öyle görünmektedir ki Kabala, Budizm gibi diğer önemli bütün mistik geleneklerle benzer fikirlere sahiptir. Önemli bir fark var mıdır? Eğer varsa, kişi neden diğerini değil de bu yolu seçmelidir? Eğer bir fark yoksa, neden bu Kabalistler tarafından kabul edilmez?

Cevap: Bütün mistik ve dini öğretilerdeki genel fikir, bir üst varlık ile iletişime geçmektir. Bu varlık ile iletişimi ararken, her kişi kendi gerekçesiyle gelir. Örneğin, bazı insanlar bu dünyada zengin ve mutlu bir hayata sahip olmayı, zenginliği, sağlığı, güveni ve daha iyi bir geleceği hak etmeyi isterler. Hayatlarını daha iyi yönetebilmek için bu dünyayı mümkün olduğunca çok anlamak isterler. Bazıları ise ölümden sonra gelinecek olan dünyada nasıl başarılı olunacağını öğrenmeyi ister. Bu hedeflerin hepsi bencildir ve insanın egoizminden kaynaklanır.

Kabala hiçbir şekilde bu gerekçelerle ilgili değildir. Daha ziyade, Kabala, insanın Yaradan'ın niteliklerine benzer niteliklere sahip olmasını olanaklı kılmak için, kişinin doğasını değiştirmeyi hedefler.

Kabalistik yöntem, insanın bu dünyada sahip olduğu her şeyi Yaradan'a vermek niyetiyle kullanması gerektiğini bildirir. Fakat bu niyete ulaşmak için, insanın Yaradan'ı hissetmesi ve yaptığı işlerin Yaradan'ı memnun ettiğini hissetmesi gerekir. Kabala çalışan kişi, Yaradan'ı hissederek Kabala'nın anlamını anlamaya başlar.

Michael Laitman

KABALİSTİK METİNLERİ NASIL OKUMALI?

Kabala'da kullanılan bazı İbranice terimleri bir başka dile tercüme etmenin gerekli olmadığını vurgulamak isteriz. Zira bu terimlerin her biri manevi bir mevcudiyeti (Partsuf) veya bu mevcudiyetin parçalarından birini teşkil etmektedir.

Yabancı bir dil konuşan öğrenciye yardımcı olmak için bazı paralel çeviriler sağladık. Fakat çevirilerin dünyamızdaki imgelerle ilgili çağrışımlara neden olabileceği vurgulanmalıdır. Bu ise kesinlikle yasaklanmıştır, zira kişi manevi olan şeyi bizim dünyamızın seviyesine alçaltmaya girişmemelidir.

Baş (Roş), Ağız (Pe), Çiftleşme (Zivug) gibi terimler, Kabala ile alakalı olmayan çağrışımları içerebilir.

O nedenle, İbranice isimlere bağlı kalmak tavsiye edilmektedir. Aslında, İbraniceyi anlamayan bir öğrenci, İbranice konuşanlara göre bir avantaja sahiptir, çünkü bu terimler dünyamızdaki betimlemelere bir referans olmamaktadır.

Michael Laitman

DERSLERİ NASIL OKUMALI?

Kabala'yı açıklama ve öğretmedeki zorluk, manevi dünyanın bizim dünyamızda bir karşılığı olmamasında yatmaktadır. Çalışmanın hedefi açık olsa bile, onu anlamak sadece geçicidir. Bu, idrakimizin manevi öğesi tarafından kavranır ve Yukarıdan da sürekli yenilenir. Bundan ötürü, birey tarafından bir zamanlar anlaşılan bir konu, bir süre sonra aynı kişiye tekrar bulanık görünebilir. Okuyucunun ruh haline ve manevi durumuna bağlı olarak, metin ya tamamen derin anlamıyla ya da tamamen anlamsız olarak görünebilir. Dün size tamamen açık olan şeyin bir sonraki gün çok karışık olması halinde umutsuzluğa kapılmayın. Metinler size boş, anlamsız ya da mantıksız göründüğünde sakın vazgeçmeyin. Kabala, teorik bilgi edinmek uğruna çalışılmaz, ama görmek ve algılamak için çalışılır. Kişi, görmeye ve algılamaya başladıktan sonra, kendi düşüncesi aracılığıyla ve manevi güç kazandıktan sonra, nihai manevi Işıkları ve seviyeleri edinimi, kendisine kesin bir bilgi bağışlayacaktır.

Kişi, Üst Işık hakkında bir idrak edinene ve manevi nesnelerin algılanmasına sahip olana kadar, evrenin ne biçimde inşa edildiğini ve nasıl işlediğini anlamayacaktır, zira öğrenilen konuya dair dünyamızda hiçbir benzerlik yoktur.

Bu dersler, manevi güçlerin algılanması yönündeki ilk adımları kolaylaştırmakta yardımcı olabilir. Sonraki aşamalarda, sadece bir öğretmenin yardımıyla ilerleme yapılabilir.

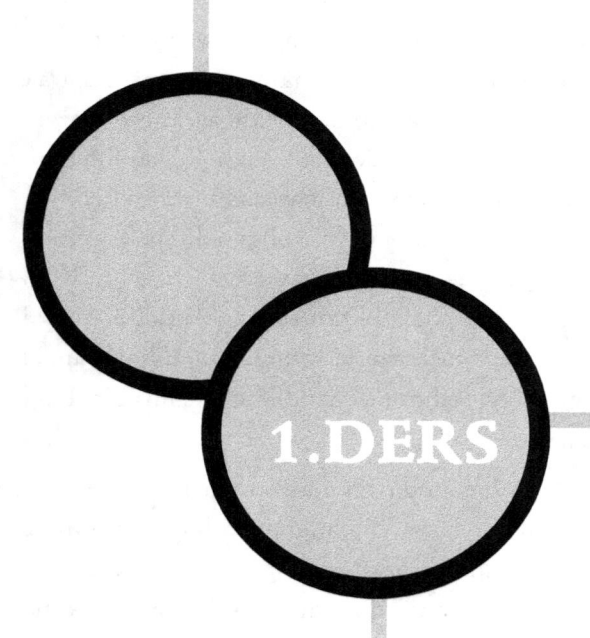
1.DERS

1. DERS

Bu derste incelenen başlıklar şunlardır:

1. Üç Kaynak: Raşbi, Ari, Baal HaSulam
2. Dört Aşama
3. İhsan Etmek İçin Vermek
4. Misafir ve Ev Sahibi
5. Yaradan'a Eşit Olmak
6. Seçim Özgürlüğü
7. Birinci Kısıtlama
8. Yaratılışın Kökleri
9. Manevi Düzenin Yapısı: Partsuf
10. Alma Arzusunun Tatmini

Manevi dünyalarla ilgili olan bilgimiz, Üst Dünyalara dair bir algılama geliştirmeyi başarmış ve yazılarında bu dünyaların mekanizmasını ve yapısını tanımlamış kişiler tarafından sağlanmıştı. Bu dünyalarla temas kurma yöntemleri de bize iletilmişti. Bu miras, hâlâ bu dünyada yaşarken bizim manevi dünyalara girmemizi, Yaratılışın tam bir bilgisini edinmemizi, onun tam mükemmelliğini algılamamızı, amacını anlamamızı ve var oluş amacımızı tamamen kavramamızı sağlar.

Kabalist Michael Laitman tarafından verilen bu kurs üç kaynağa dayanır: 2. yüzyılda yazılan, Kabalist Şimon Bar Yohai'nin Zohar'ı, 16. yüzyılda yaşamış olan Kabalist Ari'nin eserleri ve en son olarak, 20. yüzyıl ortasında yaşamış olan Baal HaSulam'ın eserleri.

Bu üç Kabalist, manevi dünyaların hâkimiyetini sağlayan güncellenmiş bir metodu öğretmek için, birkaç kez reenkarnasyona uğramış bir ve aynı ruhtur. Bu şekilde, gelecek nesillerin Kabala çalışmasını kolaylaştırmışlardır.

Bu yegâne ruh, Baal HaSulam'a hayat vererek, son reenkarnasyonunda en üst seviyeye erişmiştir. Bu ruh, dünyamızda yaptığı seyahati esnasında, ilk varlığın doğumundan evrenin ıslahının tamamlanmasına kadar geçen süredeki en yüksek seviyelerle başlayan manevi dünyaların yapısı üzerine açıklamalar sağlayabilmiştir.

Baal HaSulam, "Yaradan'dan çıkan Işık"ın varlıkları yaratma ve onlara haz verme arzusunu oluşturduğunu söylemektedir. Bu aşamaya, Kök Aşaması veya Sıfır Aşaması denilmektedir. İbranicede ise Behina Şoreş ya da Keter denir (1. Şemada görüldüğü gibi).

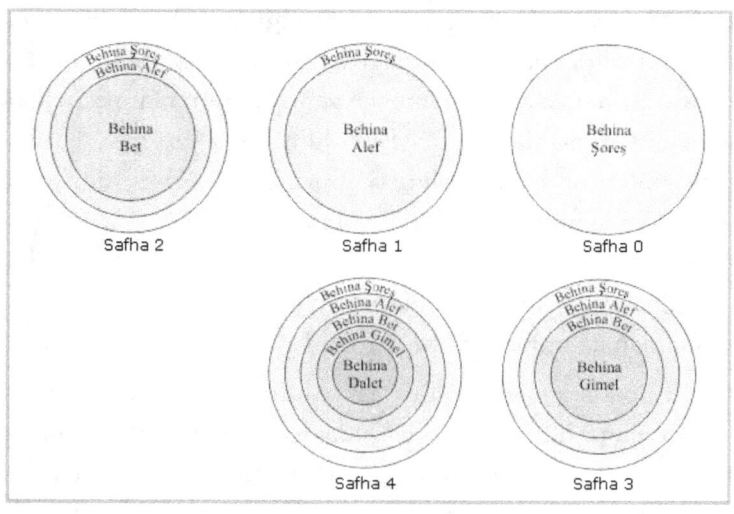

ŞEMA 1) BEŞ BEHİNOT

Sonraları, bu Işık, haz alma arzusunun onunla mükemmel biçimde uyuştuğu bir Kap (Kli) yaratır. Işık, Kli'yi doldurur ve onu memnun eder. Bu, 1. Aşamadır, Behina Alef veya Hohma'dır.

Bu Işığın niteliği, vermek, haz uyandırmak iken, Kapların niteliği almak ve hazzı tecrübe etmekten oluşur. Fakat Işık, Kli'ye girdiğinde, niteliklerini Kli'ye geçirmeye başlar ve Kli, Işık gibi olmayı arzular; almayı istemek yerine artık kendini kısıtlamaksızın vermeyi ister. Bu aşamada, Kli, Işık gibi olmayı, yani kendini kısıtlamaksızın vermeyi arzular ve böylece almayı reddeder çünkü verecek hiçbir şeyi yoktur. Bu aşamaya 2. Aşama denir, yani Behina Bet veya Bina denir.

Kli, Işığa sahip olmadığı için, Işığın amacının bir Kli yaratmaktan ve ona haz vermekten oluştuğunu düşünmeye başlar. Açıkçası, Kli, sadece Işığın belli bir kısmını alırsa hazzı tecrübe edebilir.

Bir sonraki aşama, alma arzusuna karşılık gelir, diyelim ki Işığın, hazzın %10'unu almak, fakat Yaradan'a (ihsan etmeye) yönelik bir niyetle olmalıdır. Bu süreç aslında karışık bir aşamadır, 3. Aşamadır, Behina Gimel veya Zer Anpin denir.

Bu iki karşı öğeden oluşan duruma eriştikten sonra, "Kli-Arzu" kendini kısıtlamadan vermektense, almanın daha iyi olduğunu ve daha doğal olduğunu anlar. Almanın ve sahip olmanın orijinal niteliği tekrar ateşlenir. Kli'nin sadece %10'unu doldurmuş olan Hasadim Işığı, kendini kısıtlamadan verme niteliğini Kli'ye geçiremez, böylece bu da almanın orijinal niteliğinin baskın olmasına neden olur.

Sonuç olarak, Kli, kendini %100 haz ile doldurmak ve bütün Işığı almak zorunda olduğuna karar verir. Bu, 4.

67

Kabala'nın Gizli Bilgeliği

Michael Laitman

Aşamadır, Behina Dalet veya Malhut denir. Tamamen dolmuş olan böyle bir Kli, gerçek, hakiki bir yaratılan varlık olarak tanımlanır, zira arzuları kendi içinden gelmektedir ve bu durum 1. Aşamadan farklıdır, çünkü 1.Aşamada kendine ait bağımsız arzuları yoktur, Yaradan öyle istediği için Işık ile dolmuştur.

Sadece 4. Aşamada, Yaradan'dan gelen Işığı almanın gerçek arzusu, yaratılan varlığın kendisi tarafından gerçekleştirilir. Bu birinci arzu, Işıktan haz almak, yaratılan varlığın içinde doğar.

2. Şemada gösterildiği gibi, Hohma, Bina, Zer Anpin ve Malhut, Işığın çıkışının 4 aşamasıdır. Yaradan'dan yayılan Keter Işığı, alma arzusunu ya da gerçek yaratılanı oluşturmak içindir.

Michael Laitman

Aşağıdaki şemayı inceleyiniz.

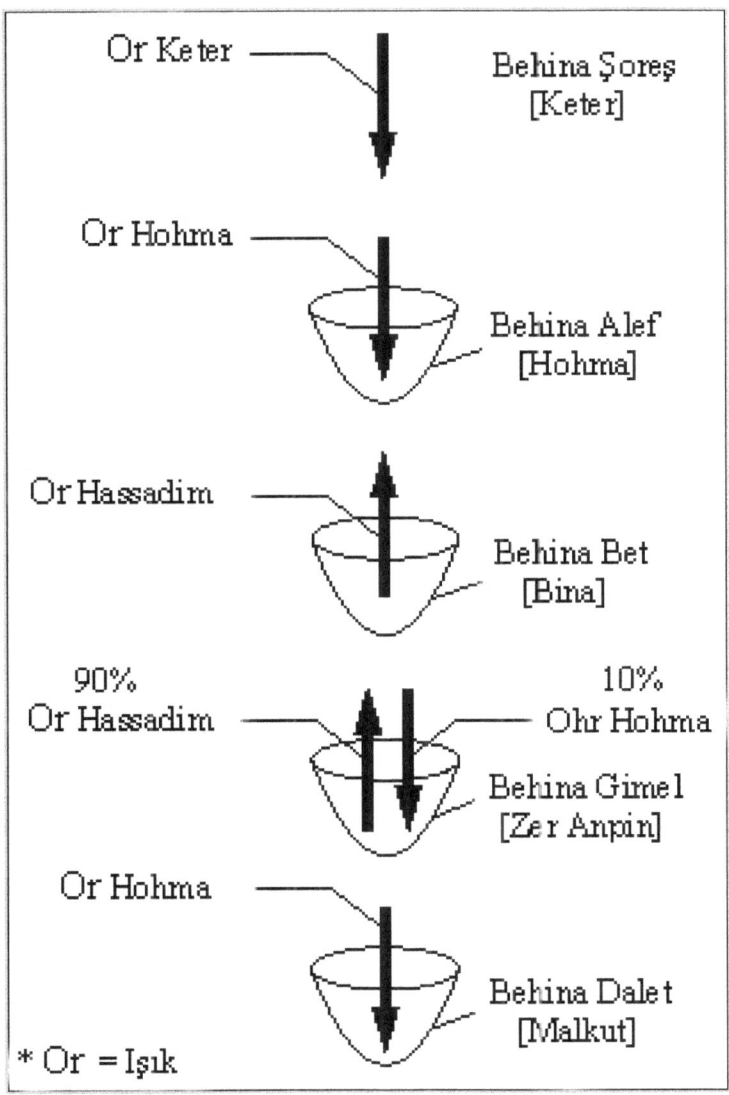

ŞEMA 2) IŞIĞIN YAYILMASININ DÖRT AŞAMASI

Kabala'nın Gizli Bilgeliği

Michael Laitman

Dünyada, Yaradan'ın haz verme arzusu ve yaratılmış varlığın bu hazzı alma arzusu dışında hiçbir şey yoktur. Bütün yaratılışın tüm olası gelişim aşamalarında - cansız, bitkisel, hayvansal ve konuşan - her şey haz almak için Işığın bir kıvılcımını almayı arzular.

Yaradan, yaratılanı, Işığı aldıktan sonra sonsuz ve daimi hazzı bencil bir şekilde değil de mükemmel ve mutlak bir biçimde tecrübe edebilsin diye yarattı. Eğer Işık Kli'ye girer onu tamamen doldurursa, bu durumda Kli artık alamaz çünkü arzu Işık tarafından doyurulmuştur ve arzunun yokluğunda haz da ölür.

Kendi maksadınız için almadığınızda, yani sadece veren kişinin uğrunda haz aldığınızda, sonsuz biçimde almak olasıdır. Böylelikle Kli'ye giren Işık, alma arzusunun etkisini azaltmaz.

Deneyim aracılığıyla biliriz ki aç olduğumuz ve bir şey yemeye başladığımız zaman, belli bir vakit sonra en leziz yemekler önümüzde olsa bile artık açlığı hissetmeyiz.

Haz, hazzın kendisi ve haz için oluşan arzu arasındaki sınır üzerinde tecrübe edilir. Fakat haz, arzuya girip onu doyurur doyurmaz bu arzu yavaş yavaş kaybolur. Ve şayet haz arzudan daha kuvvetli olursa, bu geri tepmeye neden olabilir.

Haz, nasıl sınırsız ve mükemmel bir şeye çevrilebilir? Yaradan tarafından özel bir şema teşkil edilmiştir. Eğer insan, hazzı kendi içinde değil de diğerlerini memnun ederken hissederse, bu haz sonsuzdur çünkü bu arzu sadece hâlâ verebileceği hazzın miktarına ve onu verdiği kişiye bağlıdır. Bu hazzı ne kadar çok insana verirsem, kendim o kadar çok haz hissederim. Bu durum sonsuz bir mevcudiyet, mükemmellik üretir ki bu, Yaradan'ın niteliklerinden biridir.

70

Bu, kesinlikle Yaradan'ın bizi teşvik etmek isteyeceği şeydir.

Eğer yaratılan varlık sadece almak isterse, kendini kısır bir döngü içine sıkıştırılmış olarak bulur. Sadece, bunun içinde var olan şeyi hissedebilir. Eğer yaratılan varlık, Yaradan'ın yaratılanı mutlu etmesinden kaynaklanan hazzını hissedebilse, çocuklarına kendini düşünmeden veren bir anne gibi sonsuz bir hazzı tecrübe edebilir.

En etkin uygulama mükemmelliğe denk gelir. Işık sadece basit bir hazzı iletmez, aynı zamanda sınırsız bilgi, sonsuz mevcudiyet, kendini tanıma ve kendini analiz etme, her şeyi kaplayan sonsuzluk ve ahenk hissi tarafından sağlanan hazzı da kapsar.

İdeal safha, Işığı yaratılan varlık üzerine durmaksızın akıtan Yaradan'ı kapsar. Yaratılan varlık, sadece böyle yapmakla Yaradan'ı memnun ederse, Işığı almaya razı olur. Bu sisteme, Yaradan'dan çıkan Direkt Işığın aksine, Geri Dönen Işık ya da Yansıyan Işık denir.

Bu safhanın gerçekleşmesi için, öncelikle Direkt Işığı yaratılan varlığa doğru çeken bir arzunun var olması zorunludur. İkinci olarak, yaratılan varlık Işığın yoluna bir Perde yerleştirmelidir. Bu Perde, hazzın sadece kendisi için tecrübe edilmesini önler ve yaratılan varlığa hazzı alması için olanak tanır, ancak bu haz, Yaradan için verebileceği miktarla orantılı biçimde olacaktır. Sonra, yaratılan varlık tamamen Yaradan gibi olur.

Başka bir deyişle, şu takas meydana gelir: Yaradan, hazzı kabul eden yaratılan varlığa mutluluk verir ve kişi bu mutluluğu sadece Yaradan'a haz vermek koşuluyla kabul eder.

71

Kabala'nın Gizli Bilgeliği

Michael Laitman

Baal HaSulam, ev sahibi ve misafir ile ilgili olan çok basit ve edebi bir örnekten alıntı yapmaktadır. Ev sahibi, misafirine bir masa dolusu güzel yiyecekler sunar. Misafir oturur ama yemeye cesaret etmez çünkü alıcı pozisyonunda olmak istememektedir ve ev sahibinin onu memnun etme isteğinde samimi olup olmadığını bilmemektedir. Misafir utanır, zira ev sahibi verirken o sadece alıcı durumundadır. İşte bundan ötürü, ev sahibinin gerçek arzusunu anlamak için, misafir sunulan yemekleri geri çevirir.

Şayet ev sahibi, misafirinden yiyecekleri onurlandırmasını isteyerek çok memnun olacağı hususunda misafirini ikna ederek ısrar ederse, bu durumda misafir yemeye başlayacaktır. Misafir öyle yapacaktır, zira bunun ev sahibini memnun edeceğine ikna olmuştur ve artık ev sahibinden almadığını ama ona verdiğini hisseder, yani ona memnuniyet verir.

Roller tersine dönmüştür. Bütün yemekleri hazırlayan ev sahibi olsa ve davet eden olarak hareket etse bile, memnun etme arzusunun tatmininin sadece misafirine bağlı olduğunu açıkça anlar. Misafir, akşam yemeğinin başarısının anahtarını elinde tutar ve duruma hâkim olur.

Yaradan, yaratılanı özellikle öyle bir şekilde yaratmıştır ki Işığın etkisi altında sadece almaktan dolayı utanç duyacaktır. Yaratılan varlık, seçim özgürlüğünü özgürce kullanarak, hazzın bencilce tecrübe edilmediği bir seviyeye erişecektir, zira amacı Yaradan'ı memnun etmektir. Bu durumda, yaratılan varlık Yaradan'a eşdeğer olur. Malhut, Keter seviyesine erişir ve kutsal nitelikler elde eder.

Bu kutsal nitelikler, bu duygular, tanımların ötesindedir ve onları anlayamayız. Yaradan'a benzerliğin sadece bir derecesini elde ederek manevi dünyalara yapılan giriş, zaten sonsuzluk, mutlak haz ve edinim anlamına gelir.

Kabala bilimi, yaratılışı çözümlemeye çalışır. Bu bilim, dünyamızın, öteki bütün dünyaların ve bütün evrenin, Yaradan seviyesine, sonsuzluk ve mükemmelliğin nihai derecesine ulaşmak için ileri yönlü ıslahı edinirken üstünde yürümek zorunda oldukları yolu tarif edip tanımlar. Bu dünyada yaşarken, günlük koşullarımız içindeyken ve bedenimizde kıyafetlenmişken, bu ıslah işine girişmemiz gereklidir.

Kabalistler, bu mükemmeliyet derecesine erişmişlerdir ve onu bizim için tanımlamışlardır. İstisnasız bütün ruhlar, doğru zamanda bu nihai seviyeye erişmek zorundadırlar. Dünyamızdaki ruhların reenkarnasyonu, en son ruh yolunu tamamlayana kadar devam edecektir. Sonraları manevi dünyaya girmek ve nihayetinde sıfır noktasına ya da Keter'e erişmek için ıslahın mümkün olduğu yegâne yer, bizim dünyamızdır.

Bu süreç sadece tek bir yaşamda gerçekleşebilir mi? Hayır, bu imkânsızdır. İnsan doğduğunda, zaten bu dünyada olan bir ruhu alır. Bu ruh, belli ıslah aşamalarını tecrübe etmiş ve deneyim kazanmıştır. Bundan dolayıdır ki günümüzde doğan insanlar, daha önceki nesillere göre daha zekidirler ve daha çok tecrübeye sahiptirler. Modern teknolojik ve kültürel koşullar altında işlev görmek için çok daha hazırlıklıdırlar; modern toplumda çeşitli değişimler yer almaktadır. Bizim neslimizde, Kabala çalışma arzusu gitgide daha popüler olmaktadır. Geçmiş yaşamlarda ruhlar öylesi bir deneyim seviyesi kazanmış ve öylesi bir idrak seviyesine erişmişlerdir ki 20-25 yaşındaki bir kişi manevi bilgi olmaksızın ilerleyemez. Geçmişte ise, milyonlar içinde

Kabala'nın Gizli Bilgeliği

Michael Laitman

sadece bir avuç kişi, maneviyat için bir gereksinimi belli belirsiz hissetmiştir.

Kişinin ömrü süresince manevi edinime ulaşması, sadece birkaç yıl içinde mümkün olacaktır. Bu yaratılışın gayesidir, önceden belirlenmiştir. Her birimiz bir ve aynı ruhun bir parçasıyız. Bize belli nitelikler ve bu dünyada oynamamız gereken belli bir rol bahşedilmiştir. Kabala'nın bilimsel sisteminin yardımıyla bu nitelikleri değiştirerek, her bir parça en yüksek derecesine erişmek üzere kendi ıslahını gerçekleştirir.

Parçaların yolu Yukarıdan takdir edilmiştir. Hepimiz bu dünyaya belli bir ruh ve özel niteliklerle doğduk. Hiçbirimiz ruhumuzu önceden seçmedik. Şunu söylemeye gerek yoktur ki üzerinde yürüyeceğimiz yolumuz da önceden belirlenmiştir. O halde ne yapacağız? Nerede kaldı özgür irademiz? Hangi anlamda, sadece üzerinde şu veya bu eylemin yapıldığı mekanik unsurlar değil de, zeki varlıklarız? Yaradan, kendimizi ifade etmemize izin vermek için ne ölçüde kendisini geride tutmaktadır? Yaradan, bunu sadece bir koşulu gerektirerek yapar: Kişi ıslah yolunda ilerlemeyi kendisi arzu etmek zorundadır ve bunu ancak kendi arzularını uyardığı güç ile orantılı olarak yapabilir.

Her birimiz başlangıç noktasından başlamalıyız ve en sonunda nihai noktaya erişmeliyiz. Bu hususta özgür bir irade yoktur. Yol içinde özgür bir irade yoktur, çünkü herkes yolun tüm aşamalarından geçmek ve ileri yönde bu aşamaları kendi içinde bütünleştirmek zorundadır. Bir başka deyişle, yolu "yaşamak" zorundayız.

Özgürlük, her bir adımın gerekçesini ortaya koyarak ve ıslah sürecine maruz kalmak için en hızlı sürati seçerek ve Yaradan'a bağlanarak, yol boyunca meydana gelenlerle

uyumlu olmak anlamına gelir. İnsana bağlı tek faktör budur ve yaratılışın özü de buradadır. Kişinin kendisi, en hızlı biçimde başlangıç koşulundan kurtulmayı, Yaradan'ın onu yarattığı biçimin ve özelliklerin ıslahına maruz kalmayı ve en son noktada Yaradan'a bağlanmayı istemelidir.

Bu arzuyu ne kadar çok ifade ettiğine bağlı olarak, o kişiye insan denebilir; yoksa tamamen kişiliksiz bir yaratıktır. Kabala, bağımsız, bireysel, gerçekten özgür bir şahsiyet olması ve bu nitelikte bir kişiliği geliştirmesi için insana yardımcı olan tek gerçek bilimdir.

Bir Kli'nin formasyonuna neden olan dört aşama, arzudan arzuya göre değişebilir. Sıfır Aşamasında (Kök Aşaması) ve 1. Aşamada bu arzu yoktur. Yaratılan varlık Yaradan'dan ne kadar uzakta durursa, alma arzusu o derece kuvvetli, yoğun, kaba ve bencilce olur.

4. Aşama, Malhut, kesin ve mutlak bencilliktir ve bu arzu kendi kararından ortaya çıkar. Her bir müteakip aşama bir öncekini kapsar: Keter, Hohma'dadır, sonra her ikisi de Bina'ya dâhil edilir, her üçü Zer Anpin'e dâhil edilir. Malhut, bu dört aşamadan oluşur. Her bir önceki aşama, bir sonrakini destekler ve onun mevcudiyetini sağlar.

4. Aşama, onu tamamen dolduran Işığın hepsini almıştır. Işık, Kli'yi haz ile doldurduğunda, Kli'nin Işıktan aşama aşama verme özelliğini aldığını biliyoruz. Sonra, Malhut, bu Işığın niteliğinin tamamen zıddı olduğunu hissetmeye başlar. Veren ile kıyaslandığında, bencilliğinin farkında olur ve öylesine bir utanç duyar ki Işığı almaktan vazgeçmeye ve boş kalmaya karar verir.

Işığın Malhut'tan reddedilmesine Tsimtsum Alef ya da Birinci Kısıtlama denir. Malhut boşaldıktan sonra, veren ile dengeli bir durum oluşur; her ikisi de ne alır ne de

75

verir. Karşılıklı bir zevk, haz yoktur. Öyleyse bu durumda Malhut nasıl Yaradan'a eşit olabilir?

Misafir ve ev sahibi örneğini benzetme olarak alırsak, Malhut, Işıktan gelen her şeyi geri iter çünkü kendisini alıcı olarak hissetmek istememektedir. Sonra, şu koşulu oluşturur: Kendi hazzı için olmasa bile, Işığın bir kısmını kabul edecektir, çünkü Yaradan'ı memnun etmek istemektedir, zira bilir ki Yaradan yaratılanın hazzını istemektedir. Bu tarzda bir alma, vermek gibidir, bu nedenle Malhut şimdi veren olma konumundadır.

Eğer gerçek bir arzu hayata getirilecekse, Işığın dört aşamadan geçmesi gerektiğini görebiliriz. İçimizdeki arzunun doğuşundan önce, bu arzu biz onu en sonunda hissedene kadar, Yaradan'dan gelen Işığın gelişiminin bütün aşamalarından geçer. Hiçbir arzu Işık olmaksızın ortaya çıkamaz. Önce Işık gelir, sonra arzu.

Gelin, 4. Aşama esnasında yaratılan Yaratılışın yapısını bir inceleyelim (3. Şemaya bakınız). Yaradan'dan gelen Işığa Direkt Işık ya da Or Yaşar denir, Malhut'un geri çevirdiği Işığa ise Geri Yansıyan Işık ya da Or Hozer denir ve en sonunda Kli'nin içine kısmen giren Işığa ise İç Işık ya da Or Pinimi denir.

Michael Laitman

Bnei Baruch Eğitim ve Araştırma Enstitüsü

Kabala'nın Gizli Bilgeliği

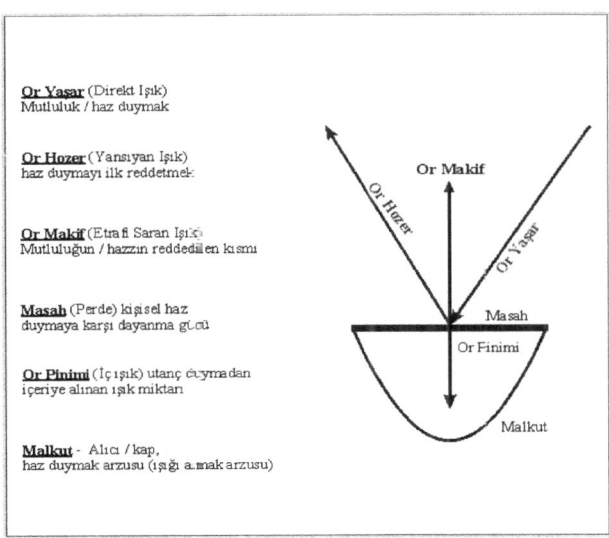

ŞEMA 3) KLİ - KAP

Misafir, ev sahibi ve leziz yemeklerle dolu bir masa ile karşılaştığında, öncelikle her şeyi reddeder, sonra ev sahibini memnun etmek ve ona haz vermek için, her şeyi tek lokmada mideye indirmek istemesine rağmen biraz yemeye karar verir. Bu, kişinin kendi bencil arzusunu özgecil bir biçimde, başkalarını düşünerek kullanmak zorunda olması anlamına gelir. Misafir, olayları düşünmeye başlayınca, ev sahibi için bile akşam yemeğinin tamamını kabul edemez, bu yemeğin sadece bir kısmını kabul edebilir.

Bu, bir kısıtlama yaptıktan sonra, yaratılan varlığın özgecil biçimde Işığın küçük bir kısmını, örneğin, Işığın %20'sini kabul etmesinin ve kalan %80'ini de geri çevirmesinin nedenidir. Yaratılan varlığın, Yaradan için ne kadar Işığı kabul edeceğine karar verdiği yere Roş (Baş) denir. Işığı kabul eden parçaya ise Toh (İç Kısım) denir ve son parçaya da Sof (Son) denir ki bu boş kalır. Bu, yaratılan varlığın kısıtlama ya da sınırlama yaptığı yerdir ve artık Işığı kabul etmez.

77

Michael Laitman

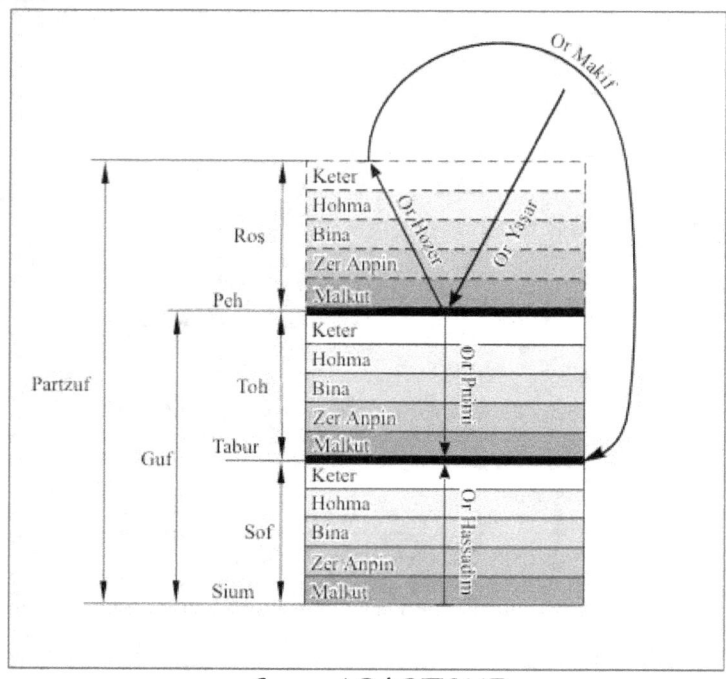

Şema 4) PARTSUF

Yaratılışın çeşitli kısımlarına, insan vücudu ile olan benzerlikleri kullanan farklı terimler atfedilmiştir. Manevi dünyalarda hiçbir terim, işaret ve sayı yoktur. Fakat yine de kelimeleri kullanmak daha kolay ve daha uygundur.

Kabalistler, kendilerini çok basit bir dille ifade etmeyi tercih etmişlerdir: Dünyamızdaki her şey, manevi dünyalardan kaynaklanır, Yukarıdan aşağıya inen direkt bağlantılarla uyumludur, her manevi nesneden dünyamızdaki her nesneye doğru iner. Sonra, dünyamızda bir ismi olan her şey için, dünyamızdaki bir nesnenin ismini alabilir ve bu ismi o nesneyi doğuran manevi nesneyi belirlemek için kullanabiliriz.

Dünyamızdaki taş örneğini ele alalım. Yukarıda bu taşı meydana getiren bir güç vardır: O nedenle buna "taş" denilecektir. Tek fark şu ki, "manevi taş" özel niteliklerle bahşedilmiş bir manevi köktür ve karşılığında da dünyamızda maddi bir nesne olan "taş" diye etiketlenmiş bir dala karşılık gelecektir. Bu dünyamızdaki isimler, adlandırmalar ve eylemler vasıtasıyla, manevi dünyalardaki öğelere ve eylemlere değinebiliriz.

Otantik Kabala yazılarının hiçbiri, her ne kadar dünya dilini kullanıyor olsalar da dünyamızdan tek bir kelime dahi bahsetmez. Dünyamızdaki her nesne, manevi dünyalarda eşi olan bir nesneye işaret eder.

Analiz ve değerlendirmeden sorumlu olan manevi bir nesnenin bölgesine, Baş (Roş) denir. Malhut'un üstüne yerleştirilmiş olan Perdeye, Ağız (Pe) denir, Işığın içeriye girmesine izin verir. Işığın girdiği kısma, Beden (Guf) denir. Guf'un içinde bir kısıtlama Yaradan sınıra, Göbek (Tabur) denir. Işıksız olan en alt kısma ise Son (Sium) denir. Bu nesne bir bütün olarak, Yaratılışı, ruhu, Malhut'u oluşturur.

Böylece, Işığın %20'sini Toh'da aldıktan sonra ki burası Guf bölgesinde Işığın gerçekten hissedildiği yerdir, Partsuf, Saran Işığın, Or Makif'in dışarıdan yaptığı baskıyı hissetmeye başlar. Der ki: "Işığın bir kısmını kabul etmenin ne kadar haz verici olduğunu görüyorsun, dışarıda ne kadar hazzın kaldığını tahmin edemezsin, sadece biraz daha kabul etmeyi denesene." Hazzı birazcık daha tecrübe etmektense, hiçbir şekilde tecrübe etmemenin daha iyi olduğunu anlayabiliriz. Haz hem dışarıdan hem de içeriden bir baskı uygular ve bundan ötürü ona karşı durmak çok daha zor hale gelir.

Hiçbir surette Işığı kabul etmezken, Partsuf uzun bir süre bu halde kalır, ama artık Işık hem içeriden hem dışarıdan baskı uygular. Eğer Partsuf biraz daha Işık

> Kabala'nın Gizli Bilgeliği

Michael Laitman

kabul ederse, bu kendi zevki için hareket ettiği anlamına gelir, çünkü bencilliğine olan direncinin gücü sadece %20 'ye eşittir. Partsuf böyle hareket etmeyi reddeder. İleride bir daha böyle hareket etmemek için, Birinci Kısıtlamayı gerçekten de yapmıştır. Bu tamamıyla uygun olmayabilir. İlk aşamaya geri dönmek için, yani Işığı kabul etmeden önceki duruma geri dönmek için tek bir çözüm vardır, bu da Işığı reddetmektir. Ve Partsuf'un tam da yaptığı şey budur.

Tabur üzerine eş zamanlı olarak Or Pinimi ve Or Makif tarafından uygulanan baskıya, "Bituş Pnim uMakif" (İçten ve Dıştan Çarpışma) denir.

Işığın Guf içine yayılması (bu durumda %20'si) nasıl meydana gelmektedir? İlk başta Roş'un Peh'i (Baş'ın Ağzı) seviyesinde konumlandırılmış olan Perde, Işığın %20'lik baskısı ile Pe altına, Guf içerisine, ta Tabur sınırına ulaşana kadar getirilir.

Işık, Guf'dan atıldıktan sonra, Perde, Işığı geri çevirerek Tabur'dan Roş'un Peh'ine doğru derece derece yükselir. Işık Guf içine yayılmadan önce, Partsuf, Roş'ta mevcut olan bütün bilgiye sahip olmuştur. Ne tür bir Işık olduğunu, onun ne tür bir haz getirdiğini, kendi arzusunun ne olduğunu, kendisi için olan hazza karşı onun gücünün ne kadar kuvvetli olduğunu anladı.

Bütün bu bilgiye göre ve de Partsuf'un Işık ile doldurulduğu durumdan ve Işığı kısıtlama durumundan geriye kalan bilgiye göre, Partsuf geçmişin bir izini tutar: Buna Reşimo denir.

Maneviyatta ne vardır? Sadece haz arzusu ve bu arzuyu tatmin eden haz. Partsuf içindeki arzu ile ilgili olan bilgiye Aviut denir ve Işığa karşılık gelen bilgiye ki kendini Kli

Michael Laitman

(Kap) ile kıyafetlendirir, Hitlabşut denir. Aslında sadece Yaradan ve Yaratılış var diyebiliriz.

Daha önceki durumdan geriye, daima Hitlabşut'un Reşimo'su ve Aviut'un Reşimo'su kalır. Bu iki parametre, Partsuf'un daha önceki durumunu tanımlamak için yeterlidir. Partsuf, Işığı geri çevirdikten sonra, Işığın Guf'da kaldığı zaman ne hissettiğini tam olarak bilir. Bu deneyim ile nasıl hareket edeceğini ve ne tür hesaplamalar yapmak zorunda olduğunu öğrenmiş olur.

Aşağıda 5. Şemada gösterildiği gibi, Partsuf artık Işığın %20'sini tutmanın mümkün olmadığını anlar. Bu sefer, Yaradan için bu hazzın %15'ini tutmaya karar verir.

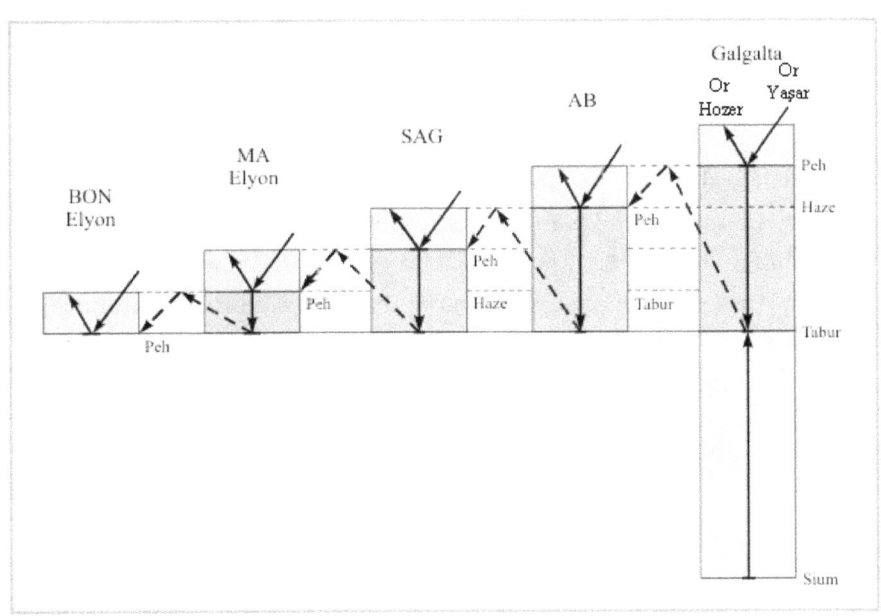

Şema 5) Beş Partzufim: Galgalta, AB, SAG, MA, BON

Bunun meydana gelmesi için, Partsuf'un biraz daha aşağı hareket etmesi gerekir, böylelikle Roş ve Pe daha önceki Partsuf seviyesinin altında konumlanmış olur. Perdeye çarpan Işık geri itilir ve belki de sadece %15'i içeri geçer.

Hitlabşut ve Aviut nasıl belirlenir? Hesaplama, Malhut'un (Aviut Dalet, 4. Seviyenin Arzusu) ona karşılık gelen Işık (Hitlabşut Dalet, 4. Seviyenin Işığı) ile tamamen dolduğu yer olan Eyn Sof'da yani Sonsuzluk Dünyasında başlar. Malhut'un bu durumuna kısaca "Dalet – Dalet" denir ve (4,4) olarak belirtilir.

Bir sonraki Partsuf kendisini artık Işık ile doldurmasını sağlayacak bilgiyi elinde tutar. Bu, Aviut Gimel'e, 3. Seviyenin Arzusuna karşılık gelir ve bu şekilde devam eder. Bir sonraki Partsufim'in her biri, Yaradan için Guf'unu Işıkla doldurma kapasitesini gitgide azaltır.

Toplam 25 Partsufim vardır ve bunların her biri yukarıdan aşağıya doğru ortaya çıkar. Son Partsuf'un sırası geldiğinde, alt kısmı, ayıran sınırı yani manevi dünya ile bizim dünyamız arasındaki Bariyeri (Mahsom) geçer ve bizim dünyamızda parlamaya başlar. Bizim dünyamız, Perdenin yokluğu ile karakterize edilen Malhut'un bir durumudur.

2.DERS

Bnei Baruch Eğitim ve Araştırma Enstitüsü

Kabala'nın Gizli Bilgeliği

Michael Laitman

2. DERS

Bu derste incelenecek başlıklar şunlardır:

1. Yaratılışın Amacı
2. Cansız, Bitkisel, Hayvansal, Konuşan
3. Manevi Kanunları Kavramak
4. Haz
5. Kavrayıştaki İki Adım
6. Almak ve Vermek
7. Manevi Utanç
8. Hitlabşut ve Aviut
9. Bituş Pnim uMakif
10. Adam Kadmon'un Beş Parçası

İnsan, sınırsız ve mutlak hazzı almak için yaratıldı. Fakat böylesi bir duruma erişmek için, insanın dünyalar sisteminin nasıl çalıştığını bilmesi gerekir.

Bu dünyanın kanunları manevi dünyalardan verilir. Doğumumuzdan önce ruhlarımız oradaydı ve yaşamdan sonra da ruhlarımız oraya geri dönecektir.

Sadece fiziki bedenimiz içinde olduğumuz bu özel dönemle ve Kabala'nın bu hayatı en iyi şekilde yaşamayı bize nasıl öğretebileceği ile ilgileniyoruz.

Kabala, bizim için meydana gelen her şeyi tamamen nasıl kullanabileceğimizi öğretir. Manevi olarak yükselmek için, insanın her şeyi bilmesi ve kendisine sunulan bütün olasılıkları kesinlikle kullanması gerekir.

Dünyamızın doğasını kavramak zorundayız: cansız, bitkisel, hayvansal ve konuşan. Ruhumuzu ve aynı zamanda

Michael Laitman

Kabala'nın Gizli
Bilgeliği

onun gelişimini tanımlayan kuralları da anlamamız gerekir.

Manevi gelişim kurallarına göre, insan, hayatında en yüksek manevi dereceye erişmek zorundadır. İnsana, şu anki yaşamında olmasa bile bir sonrakinde veya daha sonrakinde, istenen seviyeye erişene kadar birçok fırsat verilecektir.

Kabala, bize bu süreci hızlandırmamızda yardımcı olur. Yaradan, çok ilginç bir sistem teşkil etmiştir: İnsan, ya herhangi bir acı çekmeksizin hayatının anlamını düşünmeyi kabul eder ya da kendisine sorular sormaya zorlanabilmesi için böylesi acılar ona gönderilecektir.

Başka bir deyişle, insanın yaratılışın amacına doğru gönüllü olarak veya zorla ilerlemesi fark etmez, Kabala ona kendi arzusu ile ilerlemesinde yardımcı olur. Bu en iyi yoldur ve insan ilerleme sağlarken mutlu olabilir.

Şu soruyu soranlar da vardır: Kabala acaba ev kredimi ödememde yardımcı olur mu, kişiye işinde yardımcı olabilir mi, ailevi meselelere çözüm bulmasında yardımcı olabilir mi?

Esasında, Kabala bu sorulara belirsiz cevaplar vermez. Kabala, yaratılışın amacına erişmek için, bize en etkin biçimde bütün dünyamızı nasıl kullanacağımızı öğretir. Bu, bütün bu sorunları, problemleri kullanarak Yaradan'ın bizi ittiği yöndür.

Kabala, kişiye hayatında ne tür bir manevi yükü almak zorunda olduğunu açıklar, yoksa sorunların nasıl çözüleceğini değil. Günlük sorunlarımıza neden olan asıl soruna bir çözümün nasıl bulunacağını bize öğretir. Acı çekmek, sadece manevi yükselişimizi sağlamak için yolumuza konulur.

85

> Kabala'nın Gizli Bilgeliği

Michael Laitman

Kişi, manevi dünyaların bütün kurallarını keşfettiğinde, kendisine yukarıdan gönderilen şeyin ne olduğunu, bu güçlükleri en iyi şekilde nasıl ve niçin kullanacağını ve nasıl doğru biçimde hareket edeceğini bilir.

Esasında bize bir şey olduğunda ne yapmamız gerektiğini, nereye koşacağımızı, kimi çağıracağımızı anlamayız. Günlük sorunlarımızı direkt olarak çözmek, her zaman yaptığımız gibi onlardan kaçmaya çalışmak bizi amaca doğru ilerletmez, sadece yeni zorluklar, güçlükler yaratacaktır. Bu durumlar sadece, bizi yaratılışın amacına doğru daha da yaklaştırarak amaçlarını yerine getirdiklerinde kaybolacaktır.

Manevi kuralları bilerek, bize bütün nedenleri ve sonuçları görme fırsatı verilir. Her şeyi doğru perspektif ile gözlemleriz, bütün bağlantıları anlarız.

Bu şekilde adımlarımızın her biri bilinçli adım haline gelir. Hayat değişir ve artık çıkmaz bir sokağa girmişiz gibi gelmez. Doğumdan önce, şu anki hayatımız esnasında ve bu dünyadan ayrıldıktan sonra, bütün koşullarımızı bir araya getiririz. Tamamen yeni bir mevcudiyet seviyesine erişiriz.

Şu anda, birçok insan hayatının anlamı ve öteki manevi konuların manası üzerine düşünmeye başlıyor. Bu, daha önceki hayatları esnasında ruhlarında birikmiş olan geçmiş deneyimlerden dolayı meydana gelir.

Yaradan, bu acıların özü ve kökü üzerine düşünmesine izin vermek için insana acıyı gönderir. Böylece, insan onu anlamadan Yaradan'ı çağırabilir. Yaradan, bizden ona bağlanmamız için gerekli olan arzuyu geliştirmemizi ister.

Michael Laitman

Fakat insan, eline doğru kılavuz kitabını aldığında, gayretli çalışma sayesinde, acılar tarafından zorlanmadan gelişebilir.

İnsan, doğru yolu seçerek, aynı acıyı zevk olarak hissedebilir; daha hızlı gelişir ve onun ilerisine geçer, aynı zamanda da onun amacını ve kaynağını anlar.

Böylece, Yaradan, daha önceden olduğu gibi acının kaynağı olmak yerine, hazzın kaynağına dönüşür. Bu yolda ilerleme hızımız sadece bize bağlıdır.

Yaradan, hazzı bizim için yarattı, fakat onu doğru biçimde kullanmamızı sağlamak için bizi zorlaması gerekir. Ulaşılamayacak bir haz için çabalamak bize acı çektirir ve her nerede olursa olsun onun peşinden koşmaya hazırız.

Başka bir deyişle, acı, tatminin yokluğudur. Ama arzunun peşinden koşmak herhangi bir iyilik getirmeyecektir. Hazzı aldığımız an, ona olan ilgimizi kaybederiz ve bir başka şeye atlarız.

Haz, onu aldığımız anda kaybolur. Dünyamızda acının haz ile doldurulması imkânsızdır. Hazzı sadece ilk hissedildiği zaman, acı ile haz sınırında hissederiz. Tatmin arayışı gitgide hazzı matlaştırır, soldurur.

Tatmin olmanın bu metodu yanlıştır ve uygun değildir. Sonsuz hazzı almamız için, birisine nasıl vermemiz gerektiğini öğrenmeliyiz. Yaradan'ın bize haz vermek, bizi memnun etmek istediğini bilmemiz, bunu yaşamamızda tecrübe etmemiz için tek nedendir ve böylece kendimizi tatmin etmek yerine O'nu memnun etme imkânımız olur.

Vermek için almalıyız. Kelimelerin kifayetsiz olması nedeniyle bu süreç hakkında konuşmak zordur, hatta

Kabala'nın Gizli Bilgeliği

Michael Laitman

neredeyse imkânsızdır. Doğru bir idrak, ancak Yaradan kendisini ortaya çıkardığında olur.

İnsanlar, Yaradan'ı, Mahsom'u geçtikten sonra yani bizim dünyamız ile manevi dünyalar arasındaki Bariyeri geçtikten sonra hissetmeye başlar. Bu, Gimar Tikun'dan önceki 6,000 adımdır yani Son Islah'tır. Her bir manevi adım, Yaradan'ın ortaya çıkışının bir derecesini gösterir.

Son Islah, insanın bütün arzularının ıslahını takip eder. Kabala çalışmasındaki ilk aşama, mümkün olduğunca çok sayıda uygun olan kitapları okumaya ve mümkün olduğunca çok bilgiyi sindirmeye dayanır.

Bir sonraki aşama ise öğrencinin ve grubun arzusu birbiriyle birleştiğinde oluşan grup çalışmasıdır. Öğrencinin Kli'si, grup üyesinin sayısıyla orantılı olarak genişler ve büyür.

İnsan, bireysel ilgisinin dışını hissetmeye başlar. Bizim durumumuzda, grup Yaradan'ı simgeler, çünkü insanın dışında bulunan her şey Yaradan'dır. Kişi ve Yaradan haricinde hiçbir şey yoktur. Esas olarak, bütün manevi eylem bir grup çatısında başlar ve biter.

Tarih boyunca, Kabalistler gruplara sahip olmuşlardır. Sadece bir grup çatısı içinde ve bu grubun üyelerinden beslenen karşılıklı bağlara dayalı olarak, öğrenciler manevi dünyaların idrakinde ilerleyebilirler.

Gimar Tikun, bütün insanların tek bir Kabalistik gruba döndükleri durumdur. Her gün bu daha gerçekçi hale gelse de hâlâ gidilecek çok yol vardır. Herhangi bir olayda, en yüksek manevi seviyelerde, her şey bu edinim için, bütün kökler ve bütün kuvvetler için hazırdır.

Genelde, iki aşamayı çalışırız:

1. Yaratılan varlığın yukarıdan aşağıya düşüşü, Yaradan tarafından tasarlanmış düşünceden bizim dünyamız seviyesine kadar gelişirken;

2. İnsanın bizim dünyamızdan en yüksek derecenin sonuna kadar yükselişi. Fiziksel bir hareketten bahsetmiyoruz, zira bedenimiz bu maddesel seviyede kalır, ama manevi bir şekilde, çabalarımızın ve gelişimimizin sonucu olarak olur.

Yukarıdaki 4. Şemada gösterilen Partsuf'da iki durum mevcuttur:

1. Işığı aldığında ve bundan haz duyduğunda, bu Kli'ye Hohma denir.

2. Kli geri vermek istediğinde ve aynı zamanda haz duyduğunda, buna Bina denir.

Bu iki Kli birbirine zıttır.

Esasında, üçüncü bir durum da vardır; karışık durum. Bu, Kli'nin Yaradan için bir parça aldığı ama hâlâ kısmen boş kaldığı yerdir. Böylesi duruma Zer Anpin denir. Burada, Hohma Işığının %10'una ve Hasadim Işığının da %90'ına sahibiz.

Eğer Kli'de Hohma Işığı varsa, böylesi bir duruma Panim (Yüz) denir. Bu, Hohma Işığının miktarına bağlı olarak küçük veya büyüktür.

Son aşama, Malhut, yaratılan varlığın hakiki alma arzusudur, zira Hohma Işığını almak için sabırsızdır. Dolayısıyla, Işık Malhut'u tamamen doldurur. Malhut'un bu durumuna Eyn Sof, Sonsuzluk Dünyası, yani sınırsız alma denir.

Daha sonra, hâlâ Işık almayı isteyen Malhut, bu arzuyu kullanmamaya karar verir. Kendisi için olan alma

89

arzusunun, onu Yaradan'dan uzaklaştırdığını anlar. O nedenle, İlk Kısıtlamasını yapar ve Işığı geri çevirir ve boş kalır. Malhut, Işığı geri çevirerek, niteliklerini Yaradan'a benzetir.

Geri çevirmenin hazzı, mutlak ve tam olarak hissedilir. Haz kaybolmaz çünkü verici, alıcıya verirken ve böylece ona haz gönderirken, alıcıyı sonsuz biçimde hisseder. Kli böyle yaparken, hem nicelik olarak hem de nitelik olarak hazzı sonsuz derecede hisseder.

Anlaşılıyor ki Yaradan Kapları yarattığında, onları öyle bir biçimde organize etti ki onlar derece derece, Işığın durmadan verme niteliğini içlerine aldılar ve böylece Işığa benzer oldular. Kişi şu soruyu sorabilir: Malhut, Işığa nasıl benzer olabilir ve buna rağmen nasıl haz alabilir?

Daha önce de vurguladığımız gibi, Malhut bütün arzularının üzerine anti-egoist bir Perde çeker. Perdenin önüne, Malhut'un alma arzusuna bağlı olarak, hazzın %100'ü yerleştirilir. Örneğin 100 kg'lık Perdeyi (haz alma arzusuna karşı koyan güç) kullanarak, Malhut bütün hazzı geri çevirir ve Yaradan'ı memnun etmek için gereken kadar Işık almaya karar verir.

Işığı bu şekilde almak, kısıtlama olmaksızın vermeye eşittir. Malhut'a gelen Işığa Or Yaşar yani Direkt Işık denir. Yansıtılan bütün Işığa Or Hozer yani Geri Yansıyan Işık denir. İçeri giren Işığın %20'sine Or Pinimi yani İç Işık denir.

Dışarıda kalan Işığın büyük bir kısmına Or Makif yani Saran Işık denir. Malhut'un alt kısmında, Or Hohma'nın girmediği yerde, Or Hasadim vardır.

Eyn Sof Dünyasındaki Malhut'un durumundan geriye, bir Reşimo kalır. Bu Reşimo şunlardan oluşmaktadır:

Michael Laitman

Kabala'nın Gizli Bilgeliği

1. Hitlabşut'un Dalet'i (Işığın niceliği ve niteliği ile ilgili olan bilgi)

2. Aviut'un Dalet'i (Arzunun gücü ile ilgili olan bilgi)

Malhut, bu iki tür hafızayı kullanarak, Yaradan için alabileceği ilk %20 Işık için kendi Roş'unda hesaplamalar yapar. Vermeden alma durumundan kaynaklanan manevi utancı hissetmek için, öncelikle Yaradan'ı algılamak, O'nu veren olarak hissetmek, O'nun ihtişamını görmek gerekir. Sonra, O'nun özellikleri ve kişinin egoist doğası arasında yapılan kıyaslama, utanma hissine neden olacaktır.

Fakat böylesi bir algıya erişmek için, kişinin öğrenecek çok şeyi vardır. Yaradan'ın ihtişamı yavaş yavaş ortaya çıktıkça, O'nun için bir şey yapma arzusu belirecektir. Yaradan'a vermek, almak gibi bir şeydir. Bunu kendi dünyamızda da gözlemleyebiliriz. Şayet önemli bir kişiye bir iyilik yapma fırsatına sahip olursak, kişi bunu zevkle ve neşeyle yapacaktır.

Bütün çabalarımızın amacı Yaradan'ı ifşa etmektir: O'nun gücünü, kudretini ve ihtişamını. Bu seviyeye ulaşıldığı vakit şahit olacağımız şey, Yaradan'ın iyiliği için bir şey yapmak üzere bize enerji kaynağı olarak hizmet edecektir.

Vurgulanmalıdır ki Yaradan'ın ifşası, sadece kişi bu ifşayı özgecil amaçlar için, yani özgecil nitelikleri edinmek için kesin bir arzuya sahip olduğu zaman gerçekleşecektir.

Işığın bir bölümünü alan ilk Partsuf'a Galgalta denir. Bituş Pnim uMakif'ten sonra, yani Tabur'daki (Göbek) Perdede her iki Işık (Or Pinimi ve Or Makif) tarafından çarpıldıktan sonra, Partsuf, dışarıdan baskı yapan Işığın yarattığı arzulara karşı direnemeyeceğini anlar.

Michael Laitman

Partsuf, Işığı geri çevirmeye karar verir. Şu anki durumda, bu karar herhangi bir sorun yaratmayacaktır, çünkü hazzın hiçbiri Partsuf tarafından hissedilmez. Işığı geri çevirdikten sonra, Perde kalkar, zayıflar ve Roş'un Peh'ine katılır. Bu eyleme Hizdakhut (Arınma) denir.

Bilakis, Işığın etkisi altında Perde aşağı indiğinde, Aviut'u (bayağılık) artar.

Işığı ilk Partsuf'dan geri çevirdikten sonra, geriye Reşimot kalır: Hitlabşut'un Dalet'i (Işığın niceliği ve niteliği hakkında bilgi) ve Aviut'un Gimel'i (Arzunun gücü hakkında bilgi). Aviut'un bir miktarı kaybolmuştur, çünkü Partsuf, Dalet'in daha önceki derecesiyle çalışmanın imkânsız olduğunu fark etmiştir.

Aviut Gimel'e göre, Perde, Roş'un Peh'inden Aviut Dalet seviyesinden daha aşağı olan bir seviyeye iner. Şayet Dalet seviyesi Partsuf Galgalta'nın Pe'hi olursa, bu durumda Gimel seviyesi onun Haze'hi olur.

Işık tekrar yukarıdan Perdeye baskı uygular, Perde onu geri çevirir ama sonra, Reşimot'un (Reşimo'nun çoğulu) etkisi altında, Işığı Galgalta'nın Tabur'una kadar almaya karar verir, ama daha aşağısına değil.

Ancak, Partsuf Galgalta bile Işığı kendi Tabur'unun altına alamamıştır. İkinci Partsuf'a AB denir.

Tekrar Bituş Pnim uMakif eylemi ortaya çıkar; yani Işığı geri çevirme ve yeni bilgiler, Reşimo, Partsuf'u doldurur.

Bu, Hitlabşut'un Gimel'i (3. Seviyenin Işığı, AB'daki gibi 4. Seviyenin değil) ve Aviut'un Bet'idir (Bituş Pnim uMakif sayesinde Aviut'un tekrar bir seviye kaybetmesi).

Bundan dolayıdır ki Işık geri çevrildiğinde, ilk başta AB'ın Pe seviyesine kadar çıkan Perde, şimdi AB'ın Haze seviyesine kadar iner.

Bu noktada, Gimel-Bet'in Reşimot'u üzerinde gerçekleşen Zivug (Çiftleşme) tarafından yeni Partsuf biçimlendirilir. Bu yeni Partsuf'a SAG denir.

Daha sonra, yeni bir Bituş Pnim uMakif, Perdeyi Bet-Alef'in Reşimot'u ile beraber SAG'ın Roş'un Peh'ine kadar yükseltir.

Sonra, Reşimot'a göre, Perde, 4. Partsuf'un, yani MA'nın ortaya çıktığı yerden SAG'ın Haze'hine iner. Daha sonra, 5. Partsuf, BON, Alef-Şoreş'in Reşimot'undan oluşturulur.

Her bir Partsuf 5 bölümden oluşur: Şoreş (Kök), Alef (1), Bet (2), Gimel (3) ve Dalet (4). Bunlar olmaksızın hiçbir arzu ortaya çıkmayabilir. Bu oluşum asla değişmeyen katı bir sistemdir.

Son aşama, Dalet, daha önceki bütün dört arzuyu da hisseder, bu arzuların yardımıyla Yaradan tarafından yaratılmıştır. Dalet, her bir arzuya bir isim verir ve Dalet'in her an Yaradan'ı nasıl gördüğünü tanımlayan şey bu isimlerdir.

Bundan dolayı, Dalet'in kendisi Yaradan'ın ismi ile çağrılır: "Yud-Hey-Vav-Hey" – Y-H-V-H. Daha sonra bu harfler ayrıntılı biçimde incelenecektir. Bir insanın iskeleti gibidir, büyük veya küçük olabilir, oturuyor veya ayakta duruyor olabilir, ama aynı şey olarak kalır, değişmez.

Eğer bir Partsuf, Hohma Işığı ile doldurulursa ona AB denir, ama Hasadim Işığı ile doldurulursa ona SAG deriz.

Partsufim'in (Partsuf'un çoğulu) bütün isimleri bu iki Işığın kombinasyonuna dayalıdır.

Kutsal kitaplarda tanımlanan her şey, farklı oranlarda Hasadim Işığı ya da Hohma Işığı ile doldurulmuş, manevi Partsufim'den başka bir şey değildir.

Beş Partsufim'in - Galgalta, AB, SAG, MA ve BON - doğuşundan sonra, bütün Reşimot kaybolur. Yaradan'ın iyiliği için Işıkla doldurulabilecek olan bütün arzular tüketilmiştir.

Bu aşamada, Perde, Yaradan için Işık alma yeteneğini tamamen kaybeder ve sadece hiçbir şey almadan egoizme direnebilir.

Birinci Kısıtlamadan sonra, en sonunda Malhut'un Işığın beş parçasını alabileceğini anlarız. Beş Partsufim'in doğumuna Adam Kadmon Dünyası denir. Malhut, beş Reşimot'unu tamamlamıştır.

Eyn Sof Dünyasının Malhut'unun tamamen Işık ile doldurulduğunu görüyoruz. Birinci Kısıtlama sonrasında, Partsufim'in yardımıyla sadece kısmen Tabur seviyesine kadar dolacaktır.

Malhut'un görevi artık Yaradan için son bölümünü de Işıkla doldurmaktır. Bu bölüme, Sof (Son) denir ve Tabur'dan Sium Raglin'e (Ayakların Sonu) doğru yayılır.

Yaradan, Malhut'u sınırsız haz ile doldurmayı ister. Buna erişmek için gerekli olan tek şey, Malhut'un kalan kısmını Işıkla doldurmak ya da başka bir deyişle, Yaradan'a tekrar haz göndermek için arzu ve güce sahip olabilmesini sağlayacak koşulları yaratmaktır.

Bir sonraki bölümde, bu sürecin nasıl oluştuğunu göreceğiz.

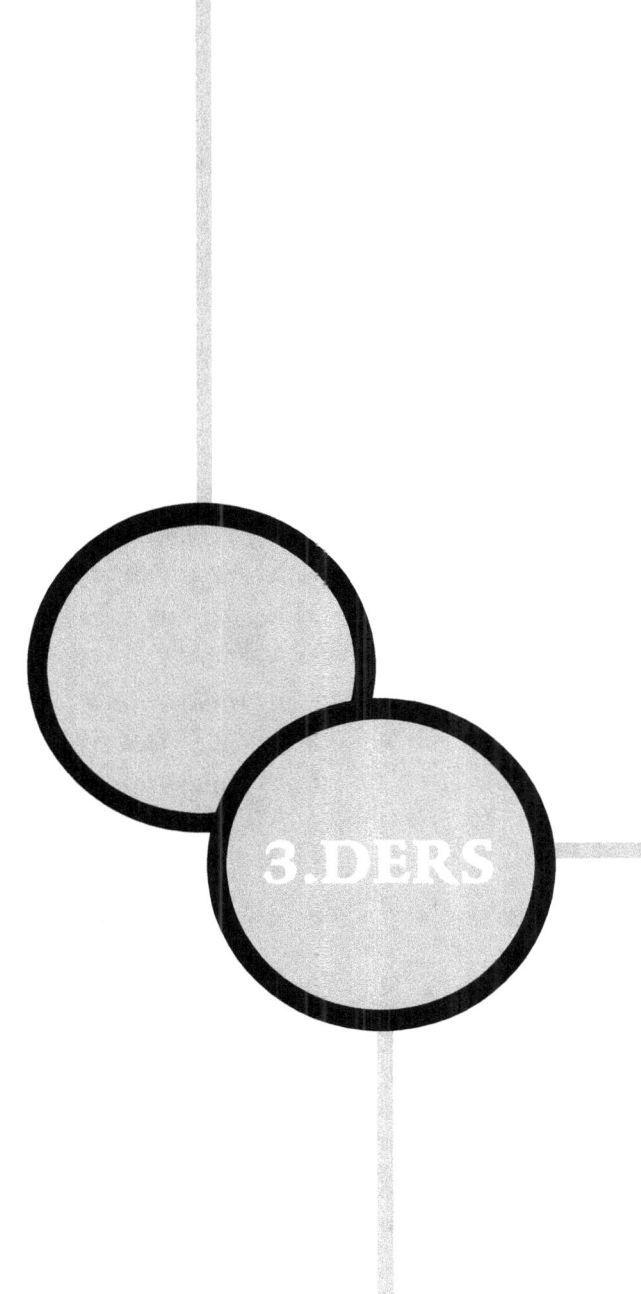

3.DERS

3. DERS

Bu derste incelenen başlıklar.

1. 5 Duyu
2. İfşa
3. Manevi Dünyalardaki Düzeltmeler
4. Saran Işığı Çekmek
5. Egoyu Islah Etmek
6. Manevi Dünyalara Giden Kapı

Duyularımızdaki önemsiz bir değişim bile, realiteyi ve dünyamızı algılayışımızı önemli derecede değiştirecektir. Hissettiğimiz her şeye Yaratılış denir. Duyularımız öznel olduğu için yarattığımız resim de öznel olacaktır.

Bilim adamları, mikroskoplar, teleskoplar ve sensörler gibi aletlerle duyularımızın sınırlarını genişletmeye çabalarlar, ama tüm bu aletler bizim algımızın özünü değiştirmez.

Sanki duyu organlarımız tarafından tutsak edilmişizdir. Dışarıdaki bütün bilgi, duyularımız vasıtasıyla bize sızar, içimize girer.

Alınan bilgi, kişinin içinde bazı işleme maruz kalır, algılanır ve bir algoritmayı izleyerek değerlendirilir: Benim için iyi midir yoksa kötü müdür?

Yukarıdan bize 6. duyu organını yaratma fırsatı verilir. Bu, Kabala Biliminin yardımıyla edinilir.

Benzer fikirli insanların oluşturduğu bir grupta, hakiki kaynakları kullanarak ve hakiki bir öğretmenin kılavuzluğunda Kabala'yı doğru biçimde çalışırsak, duyu organlarımızı nitelikli olarak değiştirebiliriz ve Yaradan'ı, manevi dünyaları keşfedebiliriz.

Michael Laitman

Kabala'nın Gizli Bilgeliği

Kabala, yaratılan yegâne şeyin zevk ve haz alma arzusu olduğunu öğretir. Beynimiz, sadece bu duygunun gelişimini hedefler ve onu doğru biçimde ölçülendirir. Beyin yardımcı bir aletten başka bir şey değildir.

Kabala'yı doğru biçimde çalışmanın vereceği sonuç, gerçek evrene dair ayrıntılı ve kapsamlı bir deneyimdir ki dünyamıza dair şu anki algımız kadar nettir.

Her iki dünyanın algılanması, bize tam ve geniş ölçekli bir resmi, en yüksek gücü ve bütün evreni kontrol eden Yaradan'ı verir.

Kabala, insan tarafından algılanan yeni duyular ve duygulardan bahsetmektedir; bunlar insanın beyninde değil, kalbinde görünürler. Kalp, basit bir pompa olsa bile insanın iç tepkilerine karşılık gösterir.

Esasında, duyularımız ve duygularımız saf bir manevi maddedir. Onları yaşatıp hissetmemize olanak sağlayan çeşitli organlar da birer manevi doğadır. Kalp sadece tepki gösterir, çünkü çeşitli tepkilere göre vücuda enerji vermek için çalışır.

Başlangıç durumunda, bir şeyin bizden saklı olduğunu anlamayız ya da algılamayız. Fakat çalışmamız esnasında bu olguyu anlamaya başlarsak, bu bile doğru yönde atılmış ileri bir adım olur.

Üstelik bizimle iletişime geçen, bize farklı durumları gönderen, daha yüksek bir gücü anlamaya başlarız ve bunun nedenleri ve etkileri böylece daha açık hale gelir. Bu zaten Yaradan'ın belli bir derecede ifşa olmasıdır.

Kişi, Yaradan'ın ona gönderdiğiyle uyumlu olarak kendi eylem ve işlerini değerlendirmeye ve kendi eylem ve tepkilerini eleştirmeye başlar.

Michael Laitman

"Bu bana Yaradan tarafından gönderildi ki böylece onu bırakabilirim," ya da "Bu durumda farklı davranmalıyım," şeklinde düşünür. Böylesi özeleştiriler insanı "İnsan" seviyesine çıkarır, çünkü daha önceki gibi sadece iki bacaklı bir yaratık olmaktan öte bir şey olmuştur.

İnsan, Yaradan'ı hissetmeye başlar ve kendisi için hangi eylemlerin yararlı, hangi eylemlerin zararlı olduğunu anlar.

İnsan, alakalı bütün nedenleri ve etkileri gördüğü için, neyin yararlı olduğunu ve neyin yararlı olmadığını öğrenmeye başlar. Doğal olarak, bilinçli bir insan, kendisine mükâfat ya da ceza sağlayan bir mekanizmanın işleyişine aykırı davranmaz.

Dolayısıyla, Yaradan'ın ifşası, insana her bir özel olayda en yüksek yararı sağlayacak şekilde doğru biçimde hareket etme fırsatını verir. Bu durumda, böylesi bir kişiye Tsadik, yani erdemli kişi ya da Hak'tan yana olan denir. O, Yaradan'ı algılar, hem yaptığı bütün iyiliklerin ödülü olduğunu hem de bir emre karşı gelmemesinden dolayı ilave bir ödül olduğunu kavrar.

Erdemli kişi daima Yaradan'ı haklı çıkarır. Kişi daima manevi emirleri yerine getirirse, ona daha da çok Işık girer. Bu iç Işığa Tora denir.

Yaradan'ın daha ileri ifşasından sonra, insan manevi merdiveni tırmanır ve her bir basamağında manevi bir emri yerine getirir, karşılığında da Işığın yeni bir bölümünü alır. Kendisi için iyi ya da kötü olmasına bakmadan emirleri gerçekleştirmesinin mümkün olduğu bir seviyeye ulaşana kadar, daha erdemli olur.

İnsan, Yaradan'ı kesinlikle merhametli olarak ve O'nun eylemlerini de mükemmel olarak görür. Bütün bunlar, Yaradan'ın belli bir derecede ifşa olmasının neticesidir.

İnsan, 6,000 basamak boyunca yürürken, Yaradan'ın kendisine ve arkadaşlarına yaptığı her şeyin, bütün yaratılan varlıkları sonsuza kadar memnun etme arzusundan kaynaklandığını anlar. Sonra, insan sonsuz bir minnettarlık hissiyle ve bütün eylemleri aracılığıyla Yaradan'a teşekkür etme arzusuyla dolar.

Bu davranışlar Yaradan'a vermeye yöneliktir. Yani O'nu daha fazla memnun etmek için daha fazla şey yapar. Böyle bir koşula, Yaradan için sonsuz ve ölümsüz sevgi koşulu denir.

Bu aşamada insan, Yaradan'ın geçmişte onun için sadece iyilik arzuladığını anlar. Önceleri, insan ıslah edilmemiş, düzeltilmemiş durumda iken, Yaradan'ın onu sık sık sıkıntıya soktuğuna ve ona acı getirdiğine inanırdı.

Yüce Yaradan'ın Işığı değişmez, fakat rahatsızlık uyandıran bir arzuya girdiği zaman, nefret hissini harekete geçirir. Manevi dünya sadece olumlu ve olumsuz durumların eşiğinde algılanır. Kişi olabilecek herhangi bir durumdan korkmamalıdır.

Kişi Kabala çalışmaya başladığında, daha önce bilinmeyen sorunlar aniden ortaya çıkmaya başlar. Kabala öğretisi olmadan, bu, birkaç yılınızı almış olabilirdi. Şimdi, bu süreç sadece hızlandırılmıştır.

Bu olayın meydana gelmesi için, kişi "on yıla bir gün" oranından yararlanabilir. Bu, herkes için planlanan olayların sayısı azalır anlamına gelmez. Daha ziyade, bu olayların meydana gelme hızı daha kısa bir zaman dilimine sıkıştırılır.

Michael Laitman

Eğer bir öğrenci egosunu, gururunu ve yüzeysel bilgisini azaltırken grup derslerine devam eder ve doğru biçimde dinlerse, duyduğu şeyi araştırmaya ve ona daha çok dikkat etmeye başlar.

Çalışılan materyale ilişkin olarak manevi Işığı çekmek amacıyla, yukarıdan aşağıya dünyaların çıkış sürecini çalışırız, inceleriz. Bu Işık aşama aşama Kaplarımızı temizler, ıslah eder ve özgecil hale getirir. Sadece birkaç ay önce başlayan öğrencilerle, 10 yıldır çalışanların beraber oturduğu öğrenci gruplarına sahibiz, ancak herkes engel olmaksızın beraber ilerleyebilir.

Esasında, günümüzde öğrenciler daha büyük bir her şeyi anlama arzusu ile gelirler, ruhları daha tecrübeli ve daha hazırdır. Temelde Kabala çalışma süreniz önemli değildir. Önemli olan öğrencilerin grup şevkine ne ölçüde katıldığı, grupla nasıl birleştiği, saygı vasıtasıyla kibrini nasıl yok ettiğidir. Grupla olan bu birleşmeden dolayı, kişinin kendi çabasıyla edinmesi yıllarını alacak manevi seviyelere birkaç saat sonra ulaşması mümkündür.

Kişinin, sahte Kabalistlerden ve gerçek Kabala'dan çok uzak olan dindar fanatiklerden uzak durması gerekir. Kişi sadece otantik yazıları çalışmalıdır ve bir öğretmen tarafından yönlendirilen tek bir gruba ait olmalıdır.

Kabala'yı keşfettiğimde, dünyanın, kozmosun, gezegenlerin, yıldızların nasıl düzenlendiğini anlamak istedim. Uzayda bir hayat olsun ya da olmasın, bunlar arasında ne tür bir ilişki vardı.

Çeşitli biyolojik yaşam biçimlerine ve onların anlamlarına ilgi duymuştum. Benim uzmanlık alanım sibernetiktir. Organizmaların düzenlenme sistemini keşfetmeyi istiyordum.

Bu yolda ilerlerken, yukarıdan Kabala'ya doğru içime bir dürtü geldi. Daha çok bilgiye sahip oldukça, böylesi konulara gitgide daha az ilgi duydum. Kabala'nın biyolojik hayatla, yaşamla ve ölümle ilgili olmadığını anlamaya başladım, zira bunlar manevi alanla ilgili değildi.

Manevi dünya, maddi dünyanın içine sızar ve onda var olan her şeyi biçimlendirir: Cansız, bitki, hayvan ve insan.

Kabala sayesinde, dünyanın manevi köklerini ve bu köklerin ilişkilerini anlayarak, dünyamız doğru biçimde incelenebilir. Örneğin, Baal HaSulam tarafından yazılan Talmud Eser Sefirot çalışması, bize manevi dünyalardaki ruhun doğumunu anlatır. Eğer kişi onu kelime kelime okursa, bu anne rahmine düşme, hamilelik, doğum ve emzirme dönemlerindeki insan kavramından bir farklılık göstermez. Saf bir ilaç gibi görünür.

Sonra, kişi, gelişimin manevi kanunlarına dair böylesi sonuçlarını dünyamızda neden algıladığımızı kavramaya başlar. Ruhun gelişimi, dünyamızda vücudun gelişimini tanımlayan bir dille açıklanır.

Çeşitli türdeki yıldız falları, astroloji ve kehanetlerin, Kabala ile hiçbir alakası yoktur. Bunlar vücutla ve vücudun hayvani özelliğinin farklı şeyleri hissetmesiyle alakalıdır. Kediler ve köpekler de bazı doğal olayların yaklaştığını hissedebilirler.

Günümüzde birçok insan kendisini, yaşamını ve kaderini değiştirmeye çalışarak, "Yeni Çağ" teknikleri diye adlandırılan metotlara hücum etmekteler. Aslında, kader değişebilir, eğer ruhunuza etki yapar ve onu nasıl kontrol edeceğinizi öğrenirseniz.

Manevi dünyanın kanunlarını çalışırken, kendi dünyamızın kanunlarını anlamaya başlarız. Fizik, kimya,

Kabala'nın Gizli Bilgeliği

Michael Laitman

biyoloji gibi birçok bilim dalı Kabala bakış açısından ele alındığında, daha basit ve daha anlaşılır hale gelir.

Yine de insan, doğru manevi seviyeye eriştiğinde, maddi bilimleri pek de umursamaz, zira onlar daha az düzenlidir. Manevi olarak düzenlenmiş maddeler şimdi en önemli ilgi alanı haline gelirler.

Kabalist, şu anki manevi seviyesinden yukarı çıkmanın rüyasını görür, aşağı inmenin değil. Herhangi bir Kabalist, isterse bütün bilim dallarının gelişimlerinin köklerini algılayabilir.

Baal HaSulam, bazen manevi ve maddi bilimler arasındaki ilişkiye dair yazılar yazmıştır. Büyük bir Kabalist olan Vilna'lı Gaon, manevi ve maddi kanunlar arasında kıyaslama yapmaktan haz duymuştur. Hatta geometri üzerine bir kitap bile yazmıştır. En yüksekteki manevi dünyaları algılayarak, oradan aşağıya bizim dünyamızın bilimi ile direkt bir bağlantı kurabilmiştir.

Kendimize gelince, manevi dünyalar hakkında hiçbir bilgimiz olmadığı için kelimeleri telaffuz ederek sadece bu kitapları okuyabiliriz. Fakat sadece bu dünyaları telaffuz etmekle bile, yazarın bulunduğu belli seviyeden Or Makif'i (Saran Işık) çekerek kendimizi görünmez bir şekilde maneviyata bağlıyoruz. Hakiki Kabalistlerin kitaplarını okuduğumuzda, Or Makif'in bizi ileri taşımasına izin veririz.

Kabalist ruhların çeşitlerindeki ve seviyelerindeki farklılık, Kabalistik eserlerde ifade edilen üslup çeşitliliğini ve de bunları çalışırken çekebileceğimiz Işık yoğunluğunun çeşitli derecelerini açıklar.

Fakat Kabalistik kitapların özel kısımlarından çıkan Işık daima var olmuştur.

Hz. Musa, halkının çölde avare dolaşması hakkında bir kitap yazmıştır. Eğer biz bu eseri edebi hikâyeler olarak düşünürsek, o zaman Tora'nın üzerimizde hiçbir etkisi olmayacaktır.

Fakat eğer daha derine girersek ve orada gerçekten tanımlanan şeyi anlarsak, o zaman Hz. Musa'nın yazdığı Beş Kitap içinde manevi dünyaların idrakinin bütün derecelerinin yorumlanıp açıklandığı bir Kabalistik mesaj ortaya çıkar. Bu kesinlikle Hz. Musa'nın iletmek istediği şeydir.

Aynı şey Kral Süleyman'ın "Şarkıların Şarkısı – Neşideler Neşidesi" isimli eseri için de geçerlidir. Her şey onun nasıl okunduğuna ve algılandığına bağlıdır. Ya sadece bir aşk şarkısı olarak veya manevi bir mesaj olarak algılanır -ki Zohar bunu, Yaradan'la olan en yüce bağ olarak yorumlar.

İçeriği Yaradan ile ilgili düşünceleri ve ulaşılması gereken amacı tetikleyen, gerçek Kabalistik kaynakları bulmak önemlidir.

Kişiyi gerçek amacından saptıran kaynaklar herhangi bir yarar sağlamayacaktır. Saran Işık, Or Makif, kişinin arzusuna göre çekilir. Kişinin arzusu gerçek amacı hedeflemezse, Işık parlamaz.

600,000 parçadan oluşan bir ruhtan bahsediyoruz; bu nereden kaynaklanır? Altı Sefirot'tan oluşan bir Partsuf'dan, her biri de sırasıyla 10'dan meydana gelmiştir. Bu Partsuf 10,000 seviyesine yükselmiştir. Bu yüzden rakam 600,000'dir.

Sürekli olarak ne olurlarsa olsunlar, farklı arzular besleriz. Gelişmemiz bu arzuların seviyesine bağlıdır.

Kabala'nın Gizli Bilgeliği

Michael Laitman

Başlangıçta arzularımız en alt seviyededir, sanki hayvani arzular seviyesindedir. Sonra, bu arzular zenginlik, onur, sosyal pozisyon ve benzeri başka arzular tarafından takip edilir.

Daha yüksek bir seviyede, bilgi, müzik, sanat, kültür için olan arzular yer alırken, en sonunda maneviyat için daha yüksek bir arzu buluruz.

Böylesi arzular, nesillerin gelişmesiyle bu dünyada birçok kere bedene büründükten sonra, ruhlarda aşama aşama ortaya çıkar.

Önce sadece hayvan doğası yaşamında yaşayan ruhlar dünyamızda bedene büründürüldü. Sonra, bir sonraki nesillerin ruhları, para, onur ve güç arzusunu tecrübe ettiler. En sonunda, bunlar bilim için olan arzuya ve sonra da bilimin sağlayamayacağı daha yüksek bir şeye duyulan arzuya yerlerini bıraktılar.

İnsanın iki farklı arzuyu tecrübe etmesi imkânsızdır, çünkü bu, arzuların gereğince tanımlanmamış oldukları anlamına gelebilir.

Dikkatli biçimde analiz edildikten ve seçildikten sonra, yegâne arzu görülür. Bir insan birkaç arzuyu eş zamanlı olarak alır. Sonra, eğer seviyesini doğru biçimde değerlendirebilirse, bu arzulardan sadece birini seçer.

Manevi Kap (Kli) 600,000 parçaya bölündü ve Perdesini kaybetti. Şimdi Perde yeniden inşa edilecektir ve bu görevi kırık parçaların kendileri gerçekleştirmek zorundadır ki böylece geri dönüş yolunu yaşayabilirler, ne olduklarını hissedebilirler ve kendilerinden Yaradan'ı yaratabilirler.

Manevi Kap iki parçadan oluşur: 1. Bölüm, Pe'den başlar Tabur'a gider ve Aşpaa Kelim'i (İhsan etme Kapları)

diye adlandırılır; karşılıksız veren arzulara tekabül ederler. Özlerinde egoist olmalarına rağmen, karşılıksız verme prensibiyle hareket ederler.

2. Bölüm, Tabur'dan aşağı yayılır ve tümüyle bencil arzularla ve sadece kendi için alma prensibiyle hareket eder, Kabala Kelim'i (Alma Kapları) olarak adlandırılır.

Alt arzuların aksine, üst arzuların üzerinde bir Perde vardır. Partsuf'un üst kısmına Galgalta ve Eynayim denir ve alt kısmına da AHaP denir. Sonuç olarak üst arzuların iyi ve alt arzuların kötü olması gibi bir şey söz konusu değildir, ancak üst arzular "küçük" ve alt arzular "büyük"tür.

Daha zayıf arzular kendi ıslahlarına önce başlarlar ve bu süreç fazla bir vakit gerektirmez. Sonra, Tabur'un altındaki arzular ıslah edilir; bunlar daha bencildirler.

Galgalta ve Eynayim olarak adlandırılan özgecil arzuların önce ıslah edilmesi sonra da AHaP diye adlandırılan egoist arzuların ıslah edilmesi gerekir. Bu sürecin sonunda, her şey tekrar bir tek ortak Kli ile birleşir. Bundan dolayı, özgecil ve egoist Kaplar arasındaki fark, ıslahın zamanlamasındadır.

Galgalta ve Eynayim için ıslah vakti gelmiştir ve arzuları ortaya çıkarılmıştır. Yüksek bir gelişme derecesine artık ulaşılmıştır. Öte yandan AhaP, arzularının ıslahına geçemez, zira arzuları hâlâ gizli biçimde saklıdır. Fakat vakit geldiğinde, Galgalta ve Eynayim'in arzularına kıyasla AHaP'ın arzularının ne kadar büyük olduklarını anlayacağız. Bu ruhlar ıslah olmaya başlar başlamaz, Galgalta ve Eynayim'in zaten ıslah olmuş ruhları onlar sayesinde yükselmeye başlayacaktır.

Egoist Kelim, yani AHaP, gelecek olan ıslahtan dolayı, Galgalta ve Eynayim'den, yani özgecil Kelim'den büyük

Michael Laitman

talepte bulunur. Galgalta ve Eynayim'in birçoğu ıslahına henüz başlamamıştır ve AHaP'ın ıslahına engel olurlar.

Manevi dünyalara erişmek için, bizim neslimizin çok özel yazıları okuması gerekmektedir.

Bugün, bu Talmud Eser Sefirot'tur. 500 yıl önce, Ari tarafından yazılmış kitaplardır. Ari'den önce ise Zohar Kitabı'ydı.

Her bir nesle manevi dünyaya girmenin anahtarı işlevini gören özel bir kitap verilir. Bu kitap belli bir neslin ruhlarının gelişimine karşılık gelir.

Kişi bir kez gerçekten manevi dünyalara eriştikten sonra, bütün kitapları okuyabilir, çünkü artık bu kitapların her birinin kendisi için uygun olduğunu anlar.

Manevi dünyalarla eşleşme, niteliklerini edinme, içsel olarak bütün kuralları dikkatlice incelemeyi gerektirir. Sonuç olarak, ruh evrimleşir.

Tam bir edinim vakti geldiğinde, manevi ve maddi bütün dünyalar tek bir mevcudiyet haline gelirler. Sonra, insan aynı anda bütün dünyalarda yaşayabilecektir.

4.DERS

Michael Laitman

4. DERS

Bu derste işlenecek başlıklar:

1. Arzuyu Hissetmek
2. Perde, Masah
3. Vermek İçin Almak
4. Adam Kadmon'un Beş Partsufim'i
5. SAG'ın Nekudot'u
6. Partsuf Galgalta
7. İkinci Kısıtlama
8. Atsilut'un Yeri

Kabala'yı öğrenmek için bu kadar mesafe aldıktan sonra, tanımlamalarımızın teknik doğasının yarattığı bazı zorluklardan dolayı öğrencinin yol kenarına düşmemesini tavsiye ederiz.

Kabala bilgeliğinin gerçek bilgisi için duyulan samimi bir arzu aracılığıyla, öğrenciye Or Makif'in uyandırmasıyla yukarıdan yardım edilir. Doğru vakit geldiğinde, öğrenci, grubun bir parçası olarak nitelikli bir öğretmen rehberliğinde çalışmalarında ilerleyecektir. Önemli olan husus, kişinin tamamen vermek ve kendisi için herhangi bir şey almamak üzere edinmesi gereken seviyeyi aklında tutmasıdır. Sonra kişi gerçek bir bağ ile mükemmelliğe erişir. Bu yaratılışının amacıdır ve insan sadece bunun için yaratılmıştır.

Konumuza geri dönecek olursak, Partsuf'a giren ve ondan çıkan Işığa ilişkin yazdık. Burada, doymuş ve doymamış arzulardan bahsetmekteyiz.

Işık, Partsuf'a girdiğinde, bu bir arzunun yerine getirilmesi, mükemmellik ve haz duygusu demektir. Işık, Partsuf'dan ayrıldığında ise geriye bir boşluk ya da düş kırıklığı kalır. Bu, manevi dünyada böylesi bir boşluk hissi olmaması gerçeğine rağmen meydana gelir.

Şayet Or Hohma ayrılırsa, Or Hasadim kalır. Partsuf, Işığı her defasında geri çevirdiğinde, belli miktardaki hazzı geri çevirerek nereye doğru ilerlediğini bilinçli bir şekilde anlar. Manevi çerçevede, bencil bir haz bilinçli bir şekilde geri çevrilir ve doğası gereği özgecil bir haz ile yer değiştirilir ki bu daha yüksek ve daha güçlü bir hazdır.

Eğer Partsuf, efendisini memnun etmek amacıyla almakta başarısız olduğunu algılarsa, kendisi için almayı reddeder. Böylesi bir kararı vermek için, biraz yardımın biraz da bencilliğe karşı gelen bir gücün gerekli olduğunu söylemeye gerek yoktur. Bu belirleyici rol, Perde (Masah) tarafından oynanır.

Kli, Pe-de vasıtasıyla karanlık yerine Işığı algılamaya başlar. Ortaya çıkan Işığın miktarı, Perdenin gücü ile orantılıdır. Perde olmaksızın, Işık herhangi bir özgecil eyleme izin vermez. Kli tarafından oluşturulan Birinci Kısıtlama yani Tsimtsum Alef boyunca Işığın yokluğu, Perdenin oluşturulmasına olanak veren durumdur.

Böylece, Işığın girmesine izin verir. Sadece Perde gerektiği gibi pozisyonlandırıldığı zaman, arzunun manevi olduğu düşünülebilir.

Daha önce, Adam Kadmon Dünyasının beş Partsufim'ini incelemiştik. Daha önce de belirtildiği gibi, Kabala öğrencisinin ana görevi Işığı elde etmektir, yani Partsuf'u, ruhu Işık ile doldurmaktır.

Işık, Kli'ye girer girmez, derhal Kli üzerinde çalışmaya başlar ve Kli'ye kendi özgecil niteliklerini, yani verebilme niteliğini geçirir. Sonra, insan Işığa kıyasla kendisinin ne

109

olduğunu anlar ve Işığı aldığı için utanç duymaya başlar; bu onun Işığa benzemeyi istemesini sağlar.

İlahi Işığın gücü, Yaradan'ın yarattığı Kli'nin doğasını değiştiremez, sadece kullanımını değiştirebilir: Kendi için olan hazdan, Yaradan için olan hazza dönüştürür. Kli'den böylesine yararlanma biçimine "verme niyetiyle alma" denir. Malhut'un Işığı almaktan dolayı tamamen haz duymasını sağlarken, bir yandan da bu hazzı Yaradan'a geri götürür. Artık, Yaradan'ın hazzını paylaşarak haz almaya devam eder.

Direkt Işığın (Or Yaşar) ilerlemesinin birinci aşaması Behina Alef boyunca, Malhut sadece kendini dolduran Işıktan haz aldı. Fakat Sonsuz Dünyadan bizim dünyamıza gelen ve tersi biçimde tekrar Sonsuz Dünyaya giden bütün yol boyunca Işığın takip ettiği yoldan dolayı, Malhut bu kez bir Perde kullanarak tekrar tamamen Işık ile dolar, fakat bu kez Yaradan'a dönmek niyetiyledir. Bu, Malhut'un sonsuz bir hazza erişmesini sağlar.

Bu süreç sayesinde, hem en alttaki hem de en üstteki bütün arzuları sonsuz bir hazza ulaşır. Bu, "bütünlük ve birlik hissi" ifadesiyle de belirtilir. Adam Kadmon Dünyasının beş Partsufim'i, Eyn Sof Dünyasının bütün Reşimot'unu kullanmıştır ki bu nedenle Malhut'u Tabur'a kadar doldurmak mümkün olmuştu. Tabii ki, Galgalta'nın Tabur'u altında hâlâ çok güçlü arzular kalır.

Bu arzuların üzerinde Perde yoktur ve bu yüzden Işık ile doldurulamazlar. Eğer Galgalta'nın alt kısmını Işık ile doldurmakta başarılı olsaydık, Gimar Tikun (Son Islah) gerçekleşirdi. Bu görevi tamamlamak için, Partsuf SAG'dan çıkan Işık, Galgalta'nın Tabur'unun altına iner ve yeni bir Partsuf olan SAG'ın Nekudot'unu doğurur.

110

Michael Laitman

Biliyoruz ki Galgalta'nın ismi Keter, AB'ın ismi Hohma, SAG'ın ismi Bina, MA'nın ismi Zer Anpin ve BON'un ismi Malhut'tur.

Partsuf Bina her yerde yayılabilecek bir Partsuf'dur. Sadece verme arzusu vardır, hiç Or Hchma'ya ihtiyaç duymaz, onun niteliği kısıtlama olmaksızın vermektir: Or Hasadim.

SAG, Hitlabşut'un Gimel'inin Reşimot'u - Aviut'un Bet'i - üzerine doğdu. Ne Galgalta ne de AB, bencil alma arzusu ile çalıştıkları için Tabur'un aşağısına inebilir, zira orada daha güçlü arzuların var olduğunu bilirler.

Tabur'un altında, SAG'ın Nekudot'u, Galgalta'yı Hasadim Işığı ile yani verme hazzı ile doldururlar. Sonra, bu hazlar kısıtlama olmaksızın Partsuf'daki herhangi bir arzuya yayılabilirler.

Tabur'un altında, SAG'ın Nekudot'u, kendi On Sefirot'una sahip yeni bir Partsuf oluşturur: Keter, Hohma, Bina, Hesed, Gevura, Tiferet, Netzah, Hod, Yesod ve Malhut.

Bu Partsuf, "SAG'ın Nekudot'u" adını taşır. Bu, Bina'nın bir parçası olarak, bütün ıslah sürecinde en çok önem arz eden hususlardan biridir ve ıslah olmamış arzuları kendi seviyesine çıkarır, ıslah eder ve kendi seviyesinin üstüne yükseltir.

111

En üstten Tabur'a doğru, Galgalta şunlardan oluşur:

1. Baş seviyesinde: Keter, Hohma ve Bina.
2. Toh seviyesinde: Hesed, Gevura ve Tiferet.
3. Tabur'un altında, Sof'da: Netzah, Hod, Yesod ve Malhut.

SAG'ın Nekudot'u, Tabur'un aşağısına indiğinde ve Hasadim Işığını Galgalta'nın Sof'una iletmeye başladığında, bu Kelim'i daha önce doldurmuş olan Işıktan dolayı, Galgalta'nın Sof'unda kalan Reşimot'un parçası üzerinde güçlü bir reaksiyona neden olur.

Bu Reşimot, Dalet-Gimel gücüne sahiptir. Dalet-Gimel'in gücü (4. Seviyenin Hitlabşut'u, 3. Seviyenin Aviut'u), SAG'ın Nekudot'unun (2. Seviyenin Hitlabşut'u, 2. Seviyenin Aviut'u) Masah'ından daha güçlüdür. Dolayısıyla, SAG böylesine güçlü bir Işığa - Arzuya karşı koyamaz ve onu kendisi için almayı arzulamaya başlar.

Artık, yukarıdan aşağıya doğru olan Direkt Işığın yayılmasındaki Bina aşamasını inceleyebiliriz. Bu aşama iki bölümden oluşur: Birinci bölümde, kısıtlama olmaksızın verirken herhangi bir şeyi almak istemez. Bu bölüme, Bina'nın Gar'ı denir ve özgecil niteliklere sahiptir.

İkinci bölüm zaten Işığı almayı düşünür; amacı onu daha çok iletmektir. Alıyor olmasına rağmen bunu kendisi için yapmaz. Bina'nın bu kısmına Bina'nın Zat'ı denir.

Aynı şey, Bina'nın özelliklerine sahip olan SAG'ın Nekudot'u Partsuf'unda meydana gelir. İlk altı Sefirot, Bina'nın Gar'ı adını taşır ve son dört Sefirot'a da Bina'nın Zat'ı denir. Bina'nın Gar'ına ulaşan güçlü Hohma Işığı onu etkilemez, bu Işığa karşı kayıtsızdır.

Fakat daha alt seviyelere vermek için almayı arzulayan Bina'nın Zat'ı, sadece Aviut Bet'e tekabül eden Işığı alabilir. Eğer Bina'nın Zat'ına ulaşan arzular daha güçlü bir Aviut'a sahipse, sadece kendisi için alma arzusu görülür. Ancak, Tsimtsum Alef'den sonra, Malhut "ben" amaçlı bir niyetle alamaz.

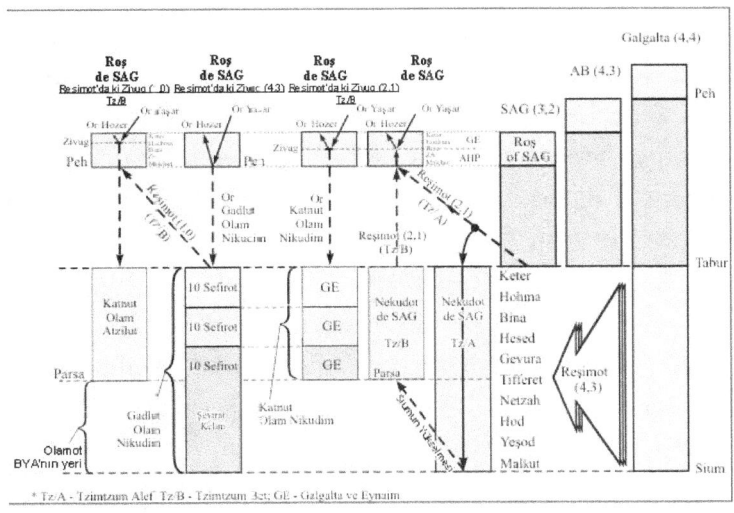

ŞEMA 6) SAG'ın Nekudot'u Partsuf'u

Dolayısıyla, SAG'ın Nekudot'unun Zat'ında böylesi bir arzu görülür görülmez, Malhut yükselir ve Tiferet'in ortasında olan özgecil ve bencil arzular arasındaki sınırda kendini pozisyonlandırır. Malhut'un bu eylemine Tsitsum Bet, ikinci kısıtlama denir. Bu çizgi boyunca Işığın yayılması için gerekli olan yeni bir sınır oluşur: Parsa. Bu sınır, daha önce Galgalta'nın Sium'unda bulunmaktaydı.

Daha önceleri Işık sadece Tabur'a kadar yayılabiliyordu, gerçi Tabur'un altına girmeyi denemişti. SAG'ın Nekudot'u Partsuf'unun, Tabur'un altına yayılmasıyla, Hasadim Işığı gerçekten de oraya girdi, sızdı ve Parsa'ya giden yolu adeta Hohma Işığının yayılması için açtı. Şayet Tsitsum Bet'ten önce Or Hasadim Tabur'un altında yayılabilseydi, Parsa altında hiç Işık kalmazdı.

SAG'ın Nekudot'u Partsuf'u, Tabur'un altındaki "yer" (Makom) kavramını yarattı. "Yer" nedir? İçine daha küçük bir boyutta başka bir Sefira'nın yerleştirilebileceği bir Sefira'dır. Dünyamız bir "yer"de mevcuttur. Şayet bir kişi evrenden her şeyi çıkarırsa, geriye "yer" kalır. İnsanın sınırlı aklı bunu algılayamaz, ama başka boyutlarda yerleştirilmiş olduğu için ölçülemeyen bir boşluk olduğu söylenebilir.

Bizim dünyamıza ilaveten, algılanması ya da hissedilmesi imkânsız olan manevi dünyalar da vardır çünkü onlar başka boyutlarla alakalıdırlar. Daha sonra, Atsilut Dünyası, Tabur'un altında Bina'nın Gar'ının yerinde görünür. Beria Dünyası, Tiferet'in alt bölümündeki Parsa'nın altında oluşur.

Yetsira Dünyası, Sefirot Netzah, Hod, Yesod yerinde oluşur. Son kısmı bizim dünyamız olarak adlandırılan Asiya Dünyası, Sefira Malhut yerinde oluşur.

Beş Sefirot'tan - Keter, Hohma, Bina, Zer Anpin ve Malhut - nasıl On Sefirot elde edilebilir? Zer Anpin hariç, bu Sefirot'ların hepsi On Sefirot'tan meydana gelir. Küçük bir mevcudiyet olan Zer Anpin, sadece altı Sefirot'u kapsar: Hesed, Gevura, Tiferet, Netzah, Hod, Yesod. Eğer kişi, Zer Anpin yerine onun altı Sefirot'unu yerleştirirse, bu durumda Keter, Hohma, Bina ve Malhut ile beraber On Sefirot elde edilecektir. Bundan dolayı bazen Beş ya da On

114

Sefirot'tan bahsedilir. Öte yandan, On İki ya da Dokuz Sefirot'a sahip olan Partsuf diye bir şey yoktur.

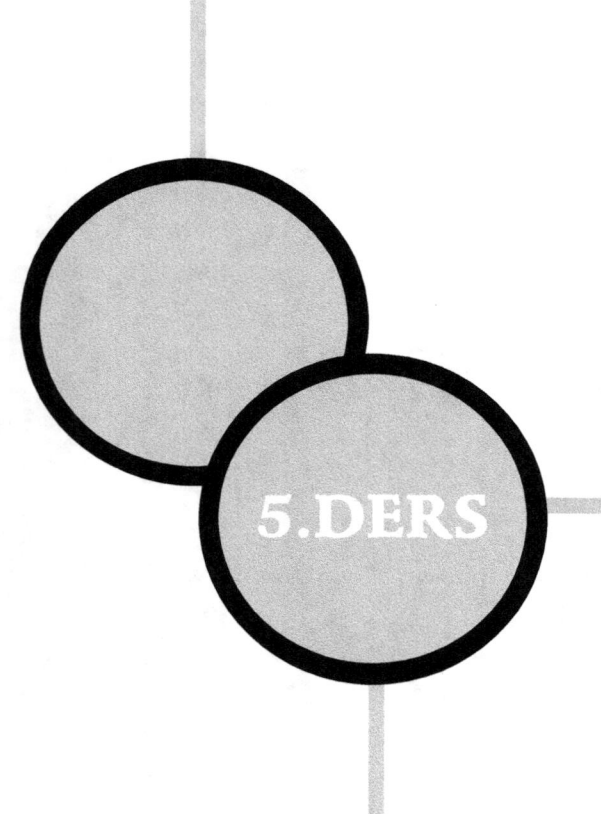

5.DERS

Michael Laitman

5. DERS

Bu derste işlenecek başlıklar şunlardır:

1. Işığın Aşamaları
2. İkinci Kısıtlama (Tsimtsum Bet)
3. Geri Yansıyan Işık
4. Adam Kadmon'un Beş Partsufim'i
5. SAG'ın Nekudot'u, Tsimtsum Bet
6. Nikudim'in Küçüklüğü
7. Arzuların Parçalanması
8. Atsilut Dünyası

Kısa bir gözden geçirme ile başlayacağız: Yaratılış, Yaradan'dan gelen Işık ile meydana getirilir ve bu Işık, haz verme arzusudur ve buna Behina Şoreş (Kök Aşaması) denir. Kendisi için haz alma arzusunu, Behina Alef'i oluşturur. Işık ile dolduktan sonra, Işığın niteliğini kazanır; bu verme arzusudur, sürekli olarak haz getirme arzusudur. Buna Behina Bet denir.

Fakat onun verebileceği hiçbir şeyi yoktur. Sadece O'nun için Işığın bir kısmını kabul ederse O'na haz getirebileceğini fark eder. Böylece 3. Aşama: Zer Anpin yaratılır. Zaten iki özelliği vardır: vermek ve almak. Zer Anpin, bu iki çeşit hazzı algıladıktan sonra, almanın vermekten daha iyi ve daha hoş olduğunu hisseder. Bu, onun Alef aşamasındaki başlangıç özelliğidir. O nedenle Işığın tamamını almaya karar verir ve tamamen Işık ile dolar fakat şimdi bunu kendi arzusuyla yapar. Hazzı sonsuzdur.

Bu dördüncü aşama olmuştur ve buna Eyn Sof Dünyasının Malhut'u denir, tek ve yegâne gerçek yaratılış.

Kabala'nın Gizli Bilgeliği

Michael Laitman

İki koşulu bir araya getirir: Neyi arzuladığını önceden bilir ve bu iki durumdan alma durumunu tercih eder.

İlk üç aşama, "Yaratılış" adını taşımaz, çünkü kendi arzularına sahip değildirler, sadece Yaradan'ın arzularına veya onun bir sonucuna sahiptirler. 4. Aşama, aynı ilk aşamada olduğu gibi Işık ile dolduktan sonra, Yaradan'ın niteliklerini benimseyerek başlar ve kendisini bir alıcı olarak hisseder.

Yaradan gibi olmak kararına neden olan bir utanç duygusu ortaya çıkar ve hiçbir Işığı içeri almama kararı verir, böylece Tsimtsut Alef (İlk Kısıtlama) oluşur. Nasıl olur da Tsimtsum 1. Aşamanın sonunda meydana gelmedi? 1. Aşama boyunca Kli'nin arzusu kendisine ait bir arzu değildi, Yaradan'ın arzusuydu. Burada, yaratılış kendi alma arzusunu kısıtlar ve onu kullanmaz. Tsimtsum, haz alma arzusu üzerinde yapılmamıştır, kendisi için alma arzusu üzerine uygulanmıştır. Sadece niyete karşılık gelir.

İlk durumda, Kli sadece almaktan vazgeçmişti. Şimdi, eğer Kli kendisi için olmayan bir alma kararı verirse, egoizme karşı koyma niyetinin gücüne bağlı olarak Işığın belli bir kısmı ile kendisini doldurabilir. Işığı başkası için olacak şekilde almak, vermek ile eşdeğerdedir. Manevi âlemde davranış insanın niyetiyle tanımlanır, hareketin kendisiyle değil. İlk Kısıtlama, Kli'nin hazzı asla kendisi için kullanmayacağı anlamına gelir. Tsimtsum Alef asla bozulmayacaktır.

Bundan dolayı, yaratılan varlığın ana görevi, kendisi için haz alma arzusunu etkisiz kılma gerekliliğidir. İlk yaratılan varlık, Behina Dalet, Yaradan'ın Işığının tamamından hazzın nasıl alınacağını gösterir, gerçi Birinci

Michael Laitman

Kabala'nın Gizli Bilgeliği

Kısıtlama, Malhut'u dolduranlar hiçbir zaman kendi için haz olarak alınmayacak demektir.

Bu ilkenin nasıl daha ileri seviyede kullanılacağını göreceğiz. Başlangıçta, Malhut egoizmin üstüne bir Perde koyar ve bu gelen Işığın tamamını geri çevirir. Bu, Perde üzerinde muazzam bir baskı uygulayan haz ve bu hazzı almak için muazzam bir arzusu olan Malhut'un, bu baskıya karşı koyup koymayacağını ölçmek için bir nevi testtir.

Evet, hazzın hepsini geri çevirebilmiştir ve haz içerisinde bulunmamıştır. Fakat bu durumda, Kli Işıktan ayrıdır. Hazzı geri çevirmeden, hazzın bir kısmının Yaradan için alındığı durumu nasıl başarabiliriz? Bunu başarabilmek için Perde tarafından yansıtılan Işık, yani Or Hozer, bir şekilde Direkt Işığı (Or Yaşar) sarmalıdır ve her ikisi beraber Kli'ye bu şekilde girmelidir, yani alma arzusuyla.

Böylece, Or Hozer bencillik karşıtı bir durum olarak işlev görür, Or Yaşar'ın girmesini kabul eder ve izin verir. Burada, Or Hozer özgecil bir niyetle hareket eder. Bu iki çeşit Işığı içeri almadan önce, Roş'da bir hesaplama yapılır. Yaradan için ne kadar Işık alınabilir? Bu miktar Toh'a geçer.

Örneğin, Perdesinin gücüne bağlı olarak, ilk Partsuf Işığın %20'sini alabilir. Bu Işığa İç Işık (Or Pinimi) denir.

Kli'ye girmeyen Işık dışarıda kalır ve o nedenle de buna Or Makif denir. Işığın %20'lik kısmının ilk baştaki alımışına Partsuf Galgalta denir. İki Işığın, yani Or Makif ve Or Pinimi'nin Tabur'daki Perde üzerinde yaptığı baskının ardından, Partsuf bütün Işığı geri çevirir. Sonra, Perde yavaş yavaş yukarıya Tabur'dan Pe'ye doğru bencillik karşıtı gücünü yitirerek ve Roş'un Peh'indeki Perdenin seviyesine erişerek hareket eder.

Kabala'nın Gizli Bilgeliği

Michael Laitman

Manevi dünyada hiçbir şeyin kaybolmadığına ve her müteakip eylemin bir öncekini kapsadığını unutmayınız. Böylece, Pe'den Tabur'a doğru alınmış Işığın %20'si Partsuf'un bir önceki durumunda kalır. Sonra, madem ki Işığın %20'sini idare edemiyor, Partsuf tekrar Işığı içine almaya karar verir, bu kez %20 değil de %15 oranında. Bu maksatla, Perdesini Pe seviyesinden Partsuf Galgalta'nın Haze'hi seviyesine yani daha düşük bir manevi seviyeye indirmek zorundadır.

Şayet başlangıçta, seviyesi Reşimot tarafından tanımlandı ise: 4. Seviyenin Hitlabşut'u ve 4. Seviyenin Aviut'u, şimdi sırasıyla sadece 4 ve 3'tür. Işık aynı şekilde girer ve yeni bir Partsuf oluşturur: AB. Yeni Partsuf'un kaderi aynıdır; o da Işığı geri çevirir. Bu olayın ardından, 3. Partsuf, SAG, yayılır ve ondan sonra MA ve BON. Bütün beş Partsufim, Galgalta'yı Pe'hinden Tabur'una doldurur. Oluşturdukları dünyaya Adam Kadmon denir.

Galgalta, Behina Şoreş'e benzer, çünkü Yaradan'dan alırken verebildiği her şeyi de verir. AB, Yaradan'ın rızası için küçük bir parça alır ve ona Behina Alef olarak Hohma denir.

SAG, sadece ihsan etmek için çalışır ve ona Behina Bet olarak Bina denir. MA, Behina Gimel olarak Zer Anpin'e benzer ve BON da Malhut'a, Behina Dalet'e karşılık gelir. SAG, Bina'nın özelliklerine sahip olduğundan, Tabur altında yayılabilir ve Galgalta'nın alt bölümünü Işık ile doldurabilir.

Tabur'un altında, boş arzular hariç, Yaradan'a olan benzerlikler tarafından oluşturulmuş hazlar vardır. Çünkü Tabur'un altındaki Galgalta'nın NHY'si (Sefirot: Netzaf, Hod, Yesod), Hohma Işığını içeri almayı reddetmişti.

Hasadim Işığından, Yaradan ile olan benzerliklerin hazzından zevk alırlar. Ayrıca, bu haz Aviut'un Dalet'i seviyesindedir.

SAG'ın Nekudot'u Aviut Bet'e sahiptir ve bu seviyede sadece Işığın ihsanından haz alabilir. O nedenle, artık Dalet seviyesindeki hazza karşı direnemezler, aksi halde Işığı kendileri için almaya başlayacaklardır. Yukarıdaki durum normal biçimde meydana gelmelidir ama Galgalta'nın Sium'unda duran Malhut, SAG'ın Nekudot'u Partsuf'unun Tiferet'inin ortasına yükselir ve yeni bir Sium (Son) oluşturur. Bu Işığın kısıtlanmasıdır ve buna Parsa denir, zira onun aşağısına Işık giremez.

Böylesi bir eylemle, Malhut, Işığın yayılması üzerinde ikinci kısıtlamasını yapar ve buna birinci kısıtlamaya olan benzerliği nedeniyle Tsimtsum Bet denir. Günlük yaşamımızdan bir örnek verelim: İyi huylu, iyi yetiştirilmiş ve 1,000 TL'lik bir miktarı asla çalmayacak olan bir adamı hayal edin. Ancak, önüne 10,000 TL bırakılsa, aldığı eğitim işe yaramayabilir, çünkü bu durumda paranın baştan çıkarıcılığı ve alınacak haz kısıtlanamayacak kadar güçlüdür.

Tsimtsum Bet, Tsimtsum Alef'in devamıdır, fakat alma Kaplarındadır, yani Kabala Kelim'indedir. Doğası gereği özgecil olan Partsuf'un, SAG'ın Nekudot'u içinde bencil özelliklerini açığa çıkarmış olması ilginçtir; derhal Malhut yukarı çıkarak onu sarar, kapsar ve Parsa diye adlandırılan bir çizgi, sınır oluşturur; Işığın aşağı doğru yayılmasını sınırlamak içindir.

Her Baş gibi Partsuf SAG'ın Roş'u da beş Sefirot'tan oluşur: Keter, Hohma, Bina, Zer Anpin ve Malhut. Bunlar, öte yandan, Aşpaa Kelim'ine (Keter, Hohma ve Bina'nın

121

Bnei Baruch Eğitim ve Araştırma Enstitüsü

Kabala'nın Gizli Bilgeliği

Michael Laitman

yarısı) ve Kabala Kelim'ine (Bina'nın yarısından Malhut'a) bölünürler.

Aşpaa Kelim'ine (İhsan etme Kapları) aynı zamanda Galgalta ve Eynayim de denir. Kabala Kelim'i, Avzen, Hotem, Pe'dir: AhaP. Tsimtzum Bet'in kısıtlaması demektir ki bu noktadan itibaren Partsuf, alma Kaplarından hiçbirini aktif hale getirmemelidir. AHaP'ı kullanmak yasaklanmıştır ve Tiferet'in ortasına yükseldiğinde, Malhut da aynı şeye karar vermişti.

Tsimtzum Bet'ten sonra tüm Reşimot, SAG'ın Roş'una yükselir ve orada sadece Galgalta ve Eynayim seviyesinin Partsuf'unu oluşturmayı ister. Bu, Partsuf'a Yaradan ile olan temasından dolayı biraz Işık alması için olanak tanır. Artık, Perdenin Roş'un Peh'inde değil ama Guf'daki Tiferet'in ortasındaki Parsa çizgisine denk gelen Nikvey Eynayim'de konumlanma zorunluluğu ortaya çıkar.

SAG'ın Roş'undaki Zivug'dan sonra, bu noktadan bir Partsuf çıkacaktır ve Tabur'un altında, Parsa'ya kadar yayılacaktır. Tabur'un altından Parsa'ya kadar yayılan yeni Partsuf, daha önceki SAG'ın Nekudot'u Partsuf'unu ama sadece üst kısmını yani özgecil Kelim'ini sarar. Yeni Partsuf'un adı Olam Nikudim'in Katnut'udur, yani Nikudim Dünyasının Küçüklüğüdür. Bu Partsuf, kısıtlanmış Bet-Alef'in Reşimot'u seviyesinde görünür.

Esasında, daha önce bahsedilen beş dünya (Adam Kadmon, Atsilut, Beria, Yetsira, Asiya) içerisinde böylesi bir dünya yoktur, çünkü doğar doğmaz hemen parçalanmıştır. Bu dünyanın kısa varoluşu esnasında, Sefirot Keter, Hohma, Bina, Hesed, Gevura ve Tiferet'in 1/3'ü, 10 parçaya bölünmüştür ve normal isimlerini almışlardır.

Ayrıca, Sefirot Hohma ve Bina için özel isimler vardır: Aba ve İma (Anne ve Baba); Sefirot Zer Anpin ve Malhut için de: ZON, Zer Anpin ve Nukva (Dişi).

SAG'ın Roş'undaki Nikvey Eynayim'deki Zivug de Hakaa'yı takiben, Partsuf'un alt bölümünün Reşimot'unun isteği üzerine SAG, Roş'un Peh'indeki Gadlut (Büyüklük) Reşimot'u üzerinde ikinci bir Zivug gerçekleştirir.

Bu eylem gerçekleşirken, SAG'dan dışarıya doğru büyük bir ışık yayılmaya başlar ve Parsa'nın aşağısına inmeye çalışır. Partsuf Nikudim kesinlikle emindir ki Yaradan için Işığı alabilecektir ve Tsimtsum Bet'e rağmen bu eylem için yeterince güce sahiptir. Fakat şu anda Işık, Parsa'ya dokunmaktadır ve Şevirat haKelim (Kapların Kırılması) meydana gelir, çünkü Partsuf'un sadece kendi hazzı için Işığı almayı istediği açıktır. Işık derhal Partsuf'dan ve tüm Kelim'den çıkar, hatta Parsa'nın üstündekiler bile parçalanır.

Böylece, Partsuf'un, Kabala Kelim'ini Yaradan için kullanma arzusundan, 10 Kelim'i de kullanarak Gadlut'ta Nikudim Dünyasını oluşturmak için, perde niyetlerinin tümünün parçalanması meydana geldi. Partsuf Nikudim'in Guf'unda, yani Parsa'nın üstündeki (Hesed, Gevura, Tiferet) ve Parsa'nın altındaki (Netzah, Hod, Yesod ve Malhut) ZON'da, sekiz Sefirot vardır. Bunların her biri dört aşamadan oluşur (sıfır aşaması hariç).

Karşılığında, bunlar On Sefirot'u içerir, kırılan 320 tane Kelim'i (4 x 8 x 10) yaratır. 320 tane kırık, parçalanmış Kelim'den, sadece Malhut ıslah edilemez ve bu da 32 parçayı (4 x 8) temsil eder. Kalan 288 parça (320 – 32) ıslah edilebilir. Bu 32 parçaya Lev haEven (Taştan Kalp) denir. Bu, sadece Gimar Tikun vaktinde, Yaradan'ın kendisi tarafından ıslah edilecektir. Özgecil ve bencil arzular eşzamanlı olarak parçalara ayrılır ve birbirlerine karışırlar. Sonuç olarak, parçalanmış Kelim'in her bir öğesi, ıslah için uygun olan 288 parça ve ıslah için uygun olmayan 32 parçadan meydana gelir.

Artık, Yaratılışın amacı sadece kırık, parçalanmış Nikudim Dünyasının ıslahına bağlıdır. Eğer bizden istenen görevi başarırsak, Behina Dalet Işık ile dolacaktır. Olam haTikun (Islah Dünyası), Nikudim Dünyasının Kelim'ini ıslah edecek anlamlı bir sistemi inşa etmek için yaratılır. Bu yeni dünyaya da Olam Atsilut (O'nun Yeri) denir.

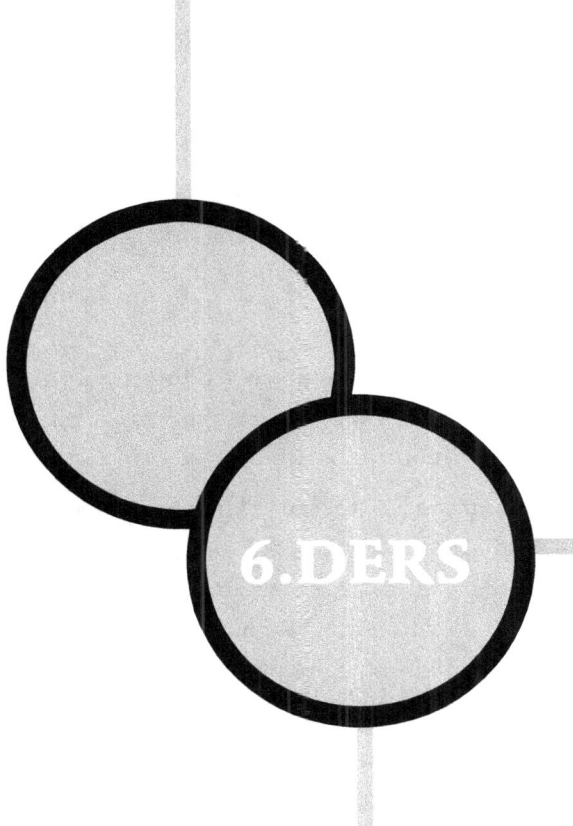

6.DERS

Michael Laitman

6. DERS

Bu derste işlenen başlıklar:

1. 125 Aşama
2. Adam HaRişon'un Günahı
3. Kapların Parçalanması
4. Ruhların Parçalanması
5. Dünyaların Parçalanması
6. Nikudim Dünyası
7. Islah Dünyası
8. Atsilut Dünyasının Partsufim'i
9. BYA Dünyalarının Doğuşu

Yaradan ve bizim dünyamız arasında beş dünya vardır. Bunların her biri beş adet Partsufim'den ve her bir Partsufim de beş adet Sefirot'tan meydana gelmektedir.

Yaradan ve bizim aramızda toplam olarak 125 aşama vardır. Bütün bu aşamalar arasında gidip gelen Malhut, en son aşamaya ulaşır ve bu şekilde, tek yaratılmış olan Behina Dalet, daha önceki dört aşama ile birleşir. Malhut, dört aşamanın bütün özelliklerini tamamıyla barındırır ve böylece Yaradan'a eşit olur. Bu, Yaratılışın amacıdır.

Malhut'u diğer kalan dokuz Sefirot ile birleştirmek amacıyla özel bir Partsuf yaratılır. Partsuf, Keter'den Yesod'a kadar olan dokuz tane Sefirot'tan ve Malhut'tan meydana gelir. Bu Partsuf'un adı Adam'dır yani Âdem.

Başlangıçta, dokuz Sefirot ve onuncu Sefira olan Malhut, birbirine hiçbir şekilde bağlı değildir. İşte bundan dolayı başlangıçta İyilik ve Kötülük Bilgisi Ağacı'nın meyvesini yemenin Âdem'e yasaklandığı söylenmiştir.

Âdem'in kovulmasıyla ve onun Kelim'inin parçalanmasıyla, dört üst aşama veya ilk dokuz Sefirot, Malhut'a düştüler. Burada, dördüncü aşama aynı eski Malhut olarak kalmayı seçebilir ya da dört aşamanın benzerliğinde manevi gelişimi tercih edebilir.

Eğer Malhut kendisi gibi kalırsa, bu Malhut'un veya ruhun veya Âdem'in, Asiya Dünyasında olduğu anlamına gelir; bununla beraber şayet Malhut üçüncü aşama gibi olursa, o zaman Malhut, Yetsira Dünyasındadır. İkinci aşamaya olan benzerlik, Malhut'un Beria Dünyasında olduğu anlamına gelir. Birinci aşamaya olan benzerlik ise Atsilut Dünyasındaki Malhut'a karşılık gelir. Nihayet, sıfır aşamasına olan benzerlik, Malhut'un Adam Kadmon Dünyasındaki varoluşu anlamına gelir.

Yukarıdan aşağıya doğru olan, yani Eyn Sof'un Malhut'undan bizim dünyamıza doğru olan ve sonra tekrar Eyn Sof Dünyasına doğru olan bütün manevi hareketler önceden takdir edilmiştir. Yaratılışın amacıyla uyumlu olmayan hiçbir şey planlanmamıştır. Bu amaca, dördüncü aşama, üçüncü, ikinci, birinci aşamaya ve sıfır aşamasına benzediğinde ulaşılır ki bu aşamaların hepsi dördüncü aşamada vardır.

Bütün dünyalar, beş dünyanın 125 aşaması üzerinden Yaradan'ın yukarıdan aşağıya doğru inişi olarak görünür. Bu sınırlama, Yaradan'ın kalıcı bir sınırlaması gibidir; yani bütün Yaratılışı, bizim dünyamızın seviyesine ulaşana kadar giderek Kendinden uzaklaştırır ve yaratılan artık Yaradan'ı hissetmez duruma gelir.

Yaratılan yukarı doğru çıktığı zaman, yolunu beş dünyanın 125 aşamasından yapar ki bu 125 aşama özel bir amaç için oluşturulmuştur. Tek bir aşamayı geçmek, sizi bir

127

Michael Laitman

sonraki aşamadan ileriye atlamak için gerekli olan güç ile donatır.

Yukarıdan aşağıya düşüş, ruhun gerilemesi, yukarı yükseliş ise ruhun gelişmesi demektir. Düşüş esnasında, her bir aşamanın gücü azalır, çünkü Yaradan'ın Işığı yaratılana yansır ve Yaradan daha da gizli olur. Fakat tersi yönde gerçekleşen bir hareket ise gitgide daha fazla Yaradan'ın Işığını insana yansıtır ve sonuç olarak da insanı güçlüklere karşı koyma kuvvetiyle donatır.

Şevirat haKelim meydana geldiğinde neyin ortaya çıkacağını açıklayalım: Bencil kısım olan Malhut'un kendi çıkarı için kullanmaya çalıştığı dokuz özgecil Sefirot, Malhut'a düşer. Bu esnada, özgecil ve egoist arzular birbirleriyle harmanlanır. Şimdi, şayet güçlü bir Işık bu harmanı aydınlatarak Malhut'u uyandırıp Malhut'a kendi doğasını ve Yaradan'ın ne olduğunu idrak ettirirse, bu, Malhut'un üst Sefirot yani Yaradan'ın Işığı gibi olmak için çaba sarf etmesine olanak sağlar.

Şevirat haKelim, adeta maneviyata karşıt bir eylem olsa da, esasında Malhut'a Yaradan'ın özgecil nitelikleriyle donanma ve bir sonraki aşamada O'nun seviyesine yükselme olanağı verebilecek yegâne olası süreçtir.

Şevirat haKelim'den sonra, iki sistem şeklinde, iki paralel dünya sistemi, Asiya, Yetsira, Beria, Atsilut ve Adam Kadmon inşa edilir: özgecil olan ve bencil olan dünya sistemleri. Bu dünyalar Şevirat haKelim'in temelinde inşa edilir, bu yüzden onların sistemi özellikle insanın ruhunu kavrar. Ayrıca insanın ruhu bencil ve özgecil Kelim'den meydana gelir. Âdem'in Düşüşü, bu iki çeşit Kelim'i birleştirdi ve kendi Partsuf'u parçalandı. Dünyalar sisteminde doğru seviyeye çıkarken, her bir kırık parça orada kendi niteliğini keşfeder.

Âdem'in Şevirat Neşamot'u (ruhların parçalanması) ve Şevirat Nikudim aynı temelde inşa edilir. Dünyalar, ruh için bir tür dış kılıftır. Maddesel dünyamızda, insanı saran ve içinde barındıran bu dış kılıf, evren, dünya ve çevremizdeki her şeydir. Atsilut Dünyasının nasıl oluşturulduğunu incelerken, yapısının tamamen Nikudim Dünyası ile eşleştiğini, uyuştuğunu fark edebilirsiniz. Tsimtsum Bet'ten sonra, SAG'ın Nekudot'u, üç çeşit Reşimot'a sahip olan SAG'ın Roş'una yükselir.

Kısıtlanan Bet-Alef Reşimot'undan, Galgalta ve Eynayim Kelim'i üzerindeki Katnut'ta Nikudim Dünyası oluşturulur. Bu, Tabur'dan Parsa'ya aşağı doğru yayılır. Ötekiler gibi bu Partsuf da Roş'tan ve Guf'dan meydana gelir. Roş üç parçaya bölünür: Birinci Roş'a Keter, ikincisine Aba (Hohma) ve üçüncüsüne de İma (Bina) denir. Nikudim Dünyasının Guf'una ZON - Zer Anpin ve Nukva - denir. Parsa'nın üstünde ZON'un Gar'ı bulunur ve Parsa'nın altında ise ZON'un Zat'ını buluruz.

Bunu takiben, Nikudim Dünyası Gadlut'a girmeyi arzular, yani AHaP'ları kendisine dâhil etmeyi ister. Ama üst Işık Parsa'ya ulaştığında ve onu geçmeye çalıştığında, Nikudim Dünyası parçalara ayrılır. Keter Roş'u, Aba ve İma Roş'u olduğu gibi kalırlar, çünkü Başlar parçalanmaz.

Fakat ZON, yani Guf, hem Parsa'nın üstünde hem de Parsa'nın altında tamamen parçalanır. Artık, toplamda 320 tane kırık, parçalanmış parça vardır, bunun 32'sinin (Lev haEven) kendi gücüyle ıslah olması mümkün değildir. Diğer kalan 288 parça ıslaha tabi olur.

Michael Laitman

Daha sonra, parçalanmış Kelim'i ıslah etmek için Olam haTikun (Olam Atsilut) yaratılır. Bütün 320 parçanın kırılması sonrasında Reşimot, SAG'ın Roş'una yükselir. Başlangıçta, SAG'ın Roş'u ıslah olma yeteneğine göre en saf, en hafif parçaları seçer. Bu, ıslahın kanunudur: Önce, en kolay parçalar ıslah edilir ve sonra bunların yardımıyla sonraki parçalar ele alınır.

Islah olmuş Kelim'den, SAG'ın Roş'u, küçük Nikudim Dünyasına benzer olan Atsilut Dünyasının Partsufim'ini yaratır:

1) Atsilut Dünyasının Keter'i, ayrıca Atik de denir.

2) Hohma, ayrıca Arih Anpin de denir.

3) Bina, ayrıca Aba ve İma da denir.

4) Zer Anpin.

5) Nukva, ayrıca Malhut da denir.

Atsilut Dünyası, Nikudim Dünyasının bir kopyasıdır. Atik, Galgalta'nın Tabur'u ve Parsa arasındadır; Arih Anpin, Atik'in Pe'hinden Parsa'ya kadarki yerde; Aba ve İma, Arih Anpin'in Pe'hinden Arih Anpin'in Tabur'una kadardır. Zer Anpin, Arih Anpin'in Tabur'undan Parsa'ya kadarki yerdedir. Malhut, Zer Anpin altında bir nokta biçimindedir.

Bir sonraki şemayı inceleyiniz.

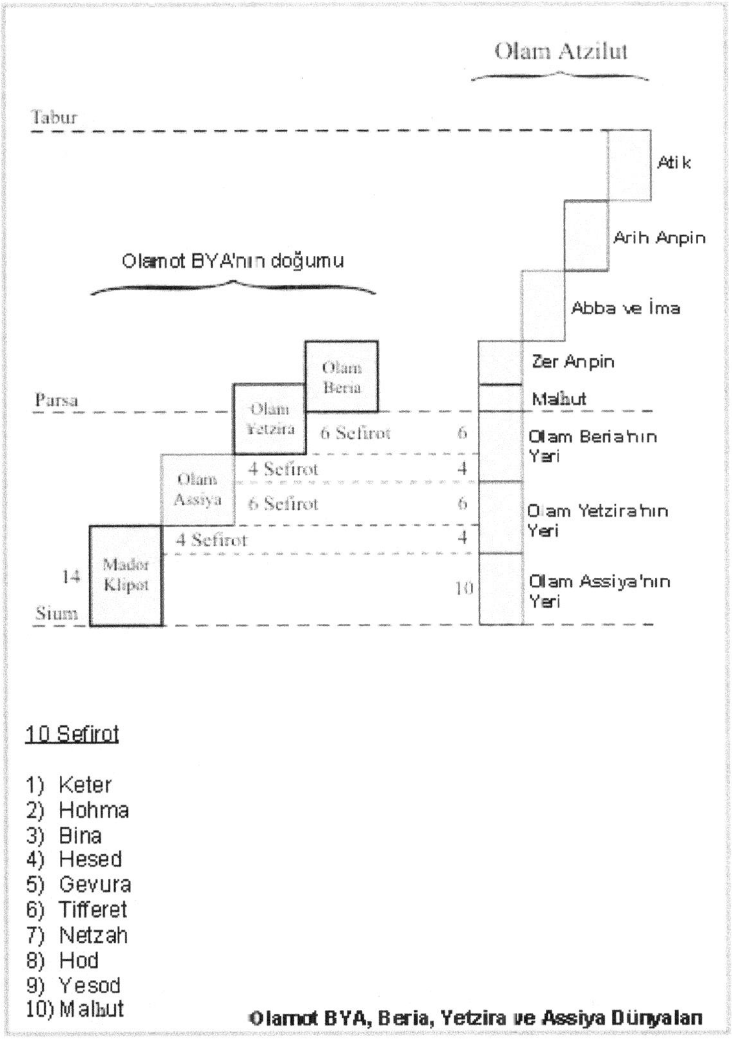

Michael Laitman

Bnei Baruch Eğitim ve Araştırma Enstitüsü

Kabala'nın Gizli Bilgeliği

```
                                    Olam Atzilut

Tabur  ─ ─ ─ ─ ─ ─ ─ ─ ─ ─ ─ ─ ─ ─ ─ ─ ─ ─ ─ ─ ─ ─
                                                         Atik

                                                         Arih Anpin
            Olamot BYA'nın doğumu
                                                         Abba ve İma

                              Olam                       Zer Anpin
                              Beria
Parsa  ─ ─ ─ ─ ─ ─ ─ ─ ─ Olam                            Malhut ─ ─ ─
                        Yetzira    6 Sefirot    6
                                                         Olam Beria'hın Yeri
                                   4 Sefirot    4
                         Olam
                         Assiya    6 Sefirot    6
                                                         Olam Yetzira'hın Yeri
                                   4 Sefirot    4
       Mador
  14   Klipot                                  10        Olam Assiya'nın Yeri
Sium
```

10 Sefirot

1) Keter
2) Hohma
3) Bina
4) Hesed
5) Gevura
6) Tifferet
7) Netzah
8) Hod
9) Yesod
10) Malhut

Olamot BYA, Beria, Yetzira ve Assiya Dünyaları

Şema 7) Atsilut Dünyası ve BYA Dünyaları

Kabala'nın Gizli Bilgeliği — Michael Laitman

Her bir Partsuf iki bölümden meydana gelir: Galgalta ve Eynayim, yani ihsan etme Kelim'i ve AHaP'lar, yani alma Kelim'i. Parçalandıktan sonra, Kli iki bölümden değil, dört bölümden meydana gelir: Galgalta ve Eynayim, AHaP, AHaP içindeki Galgalta ve Eynayim, Galgalta ve Eynaim içindeki AHaP. Böylesi bir kombinasyon, 320 tane kırık Kelim'in her birinde bulunabilir. Amaç, her bir parçayı kırmak, Galgalta ve Eynayim'i AHaP'dan ayırmaktır.

Süreç ise şöyledir: Atsilut Dünyası, Galgalta ve Eynayim'ini ayırarak, ıslah olmamış her bir parçaya güçlü bir Işık gönderir; sonra Galgalta ve Eynayim'i kaldırır ve AHaP Kelim'inin bir kenara bırakır. O nedenle de, AHaP'lar kullanılmayacaktır. Atsilut Dünyası, bütün Galgalta ve Eynayim'i ıslah ettikten sonra, Atsilut Dünyasının Malhut'u Bina'ya, yani Atsilut Dünyasının Roş'unun altına yükselir. Atsilut Dünyasının Roş'u, Atik, Arih Anpin ve Aba ve İma'dır. Orada, Malhut aşağıdaki eylemleri gerçekleştirir:

1) Aviut'un Bet'inde (2. Seviyede) Zivug eylemini yapar, Beria Dünyasını yaratır.

2) Aviut'un Alef'inde (1. Seviyede) Zivug eylemini yapar, Yetsira Dünyasını yaratır.

3) Aviut Şoreş'te (o Seviyesinde) Zivug eylemini yapar, Asiya Dünyasını doğurur.

Bina'nın yükselişi, Atsilut Dünyasını iki seviye yukarı yükseltir: Artık Malhut, Aba ve İma yerindedir, Zer Anpin ise Arih Anpin yerindedir ve Arih Anpin ile Atik o oranda yükselir.

Atsilut Dünyasının Partsuf Malhut'u, bu yükselişte Bina'ya, Aba ve İma'ya eşit olur, yaratabilir, "doğum" yapabilir.

Sonuç, Beria Dünyasının Atsilut'un Malhut'undan doğmasıdır ve kendisini doğuran Roş altında, Atsilut Dünyasının Zer Anpin'i yerine yeni bir yeri doldurur. Yeni doğan, genelde annesinin bir seviye altındadır. Bundan sonra, Yetsira Dünyası hayata getirilir. İlk dört Sefirot'u, yani üst kısmı, artık Atzilut Dünyasının Malhut'unun yerini doldurmaktadır. Alt kısmındaki altı Sefirot, Beria Dünyasının ilk altı Sefirot'unun yerinde bulunur.

Bir sonraki dünya, Asiya, Beria Dünyasının yarısını ve Yetsira Dünyasının yarısını kapsar. Yetsira Dünyasının dört Sefirot'u ve Asiya Dünyasının on Sefirot'u boş kalır. Bu boş yere, Macor ha Klipot, yani kötü güçlerin yeri denir.

Önemini vurgulamak için, bütün süreci bir kez daha düşünelim:

Nikudim Dünyası, Roş'u Keter olarak, Roş'u Aba ve İma olarak, Guf'u ZON olarak Katnut'a gitmiştir. Bütün bunlara Galgalta ve Eynayim denir ve Tabur'dan Parsa'ya yayılır. Nikudim Dünyasının Gadlut'u bundan sonra ortaya çıkmaya başlar ve hem Roş'ta hem de Guf'da on Sefirot'a sahiptir.

Gadlut, Keter'de, Aba ve İma'da görünür ama ZON, Gadlut'u almak istediğinde, Nikudim Dünyası parçalanır. Guf'un bütün Kelim'i 320 parçaya dağılır, parçalar Parsa altına düşerler ve birbirleriyle birleşerek dört grup ortaya çıkarırlar:

1. Galgalta ve Eynayim
2. AHaP
3. AHaP içindeki Galgalta ve Eynayim
4. Galgalta ve Eynayim içindeki AHaP

133

Kabala'nın Gizli Bilgeliği

Michael Laitman

Parçalanmış Kelim'i ıslah etmek için, Atsilut Dünyası yaratılır. Öncelikle, üç Partsufim'i doğar: Atik, Arih Anpin, Aba ve İma ki hepsi tamamen Nikudim Dünyasındaki Keter ile Aba ve İma Partsufim'ine karşılık gelir. Zer Anpin ve Malhut, Nikudim Dünyasındaki aynı Partsufim'e karşılık gelir. Bu aşamada, bütün 320 parçadan çıkartılmış olan Galgalta ve Eynayim Kelim'inin ıslahı bitirilir, tamamlanır.

Üstelik AhaP'ların içinde Galgalta ve Eynayim'e sahibiz. Onu çıkarmanın bir yolu yoktur ancak yönlendirilmiş Işık, onu Işığa daha da yaklaştırır. Atsilut, AHaP'da ıslah yapmak ister. Malhut, Bina'ya yükselir ve Beria Dünyasının on Sefirot'unu doğurur ve Atsilut'un Zer Anpin'i yerinde durur çünkü artık Atsilut Dünyasının Malhut'u, Aba ve İma'dadır.

Bu aşamada, Yetsira Dünyasının Sefirot'u yaratılır; sonuncusu kısmen Beria Dünyasıyla kesişir. Yetsira Dünyasının bu kısmı Beria Dünyasının üst yarısındaki Parsa'nın altındadır. Son olarak, Asiya Dünyası, Beria Dünyasının orta kısmından Yetsira Dünyasının orta kısmına kadarki alanda yer alır. Yetsira Dünyasının ortasından başlayan ve en sonunda Asiya Dünyasında sona eren kısım boşluktur, Mador ha Klipot'tur.

Şu an dünyaların çıkıp inebileceğini, ancak ilk pozisyona göre daima beraber hareket ettiklerini göreceğiz. Bu bölümde şimdiye kadar tartışılan her şey, Baal HaSulam'ın yazdığı Talmud Eser Sefirot'un 1500 sayfasında açıklanır. Büyük öneme sahip bu eser, manevi ilerleyişimiz için bize kılavuzluk eder ve doğru amaca odaklanmamıza yardımcı olur.

Islahımız, İkinci Kısıtlama, Tsimtsum Bet ile ilgilidir. Esasında, burada ne tür güçlerin işlev gördüğünü ve bu alanda var olan realitenin doğasını hayal etmek için bile hiçbir insani yol yoktur. Bunlara, Kabala'nın gizleri denir.

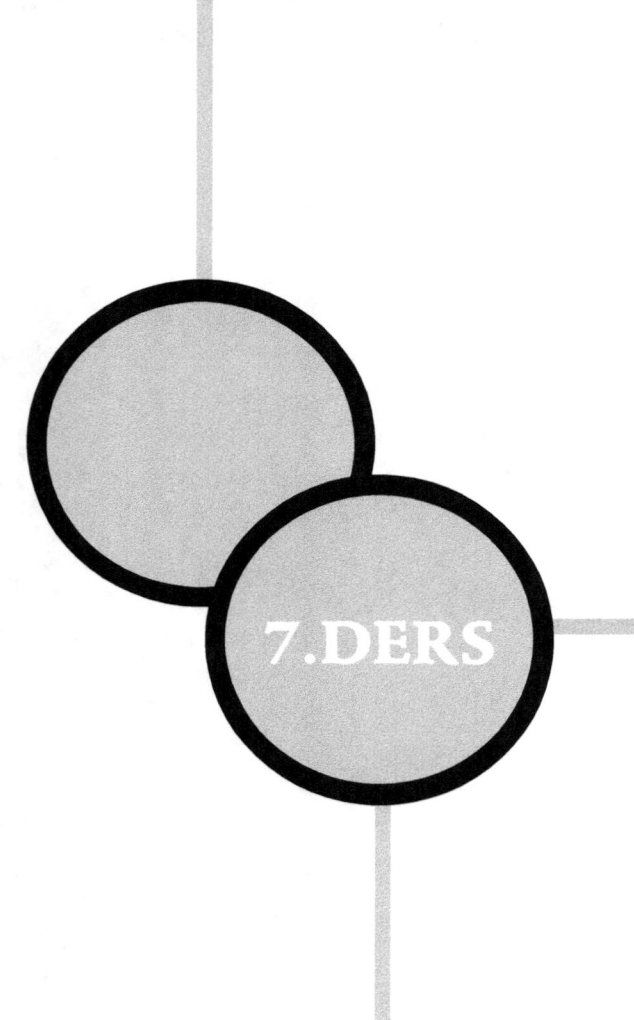

7.DERS

7. DERS
Bu derste işlenecek konular:
1. Nikudim Dünyasının Partsufim'i
2. Atsilut Dünyasının Partsufim'i
3. AHaP Nedir?
4. Partsufim'in Parçalanması
5. Adam HaRişon'un Doğumu
6. Yaradan ile Bağlantı

Atsilut Dünyasının birinci Partsuf'u Atik, ilk başta Katnut'ta, Tabur'dan Parsa'ya olan Alef-Şoreş'in Reşimot'unda (1. Seviyenin Hitlabşut'u, Sıfır Seviyesinin Aviut'u) ortaya çıkar. Sonra, Dalet-Gimel'in Reşimot'undaki dünyamıza gelen yol boyunca Gadlut'ta dağılır.

Bu, Işığın dünyamızda parlayabilmesine olanak sağlayan Partsuf'dur. Bu Işığı görmeyiz ve hissetmeyiz, fakat o parlar ve bizi ileri götürür. Dünyamızdan, Parsa'nın aşağısına, Beria, Yetsira ve Asiya dünyalarının konumlandırıldığı yere yükselen herhangi bir kimseye, erdemli adam ya da Tsadik denir. Partsuf Atik'in, Atsilut Dünyasının öteki Partzufim'ine Işığı geçirmek amacıyla sadece Parsa'ya değil aynı zamanda Parsa'nın aşağısına dağıldığı da unutulmamalıdır.

Atik, Tsimtsum Alef'de olduğundan dolayı, bu Partsuf her yere yayılabilir ve Parsa'nın altında olduğunda, Atsilut Dünyasına çıkmak isteyen insanların ruhlarını aydınlatır. BYA Dünyalarında olmak "ihsan etmek için vermek" anlamına gelir, Atsilut Dünyasında olmak ise "ihsan etmek için almak" demektir. Bir sonraki Partsuf, Arih Anpin (Hohma), Katnut'ta ortaya çıkar. Bu Partsuf'dan sonra,

Kabala'nın Gizli Bilgeliği

Michael Laitman

Aba ve İma (Bina) doğar, sonra Partsuf Zer Anpin doğar ve en son olarak da bir nokta biçiminde Malhut doğar. Atsilut Dünyasının beş Partsufim'inin AHaP'ları Kabala Kelim'idir; alma Kaplarıdır. Onarılıp ıslah edileceklerdir.

Atsilut Dünyası, çalıştığımız yegâne dünyadır. Atsilut Dünyası ile ilişkili olduğu için diğer bütün dünyaları da çalışırız. Amaç, en sonunda bütün ruhları Atsilut'a çıkarmaktır. Partsuf Arih Anpin, kendini birçok farklı örtü ile sarar ve bu örtülere de Se'arot yani saç denir, insan bedeninin saçı gibidir. Işık, Se'arot boyunca bütün alt dünyalara yayılır. Eğer alt dünyalardaki ruhlar, Hohma Işığını arzularsa, Arih Anpin ile bağlantıya geçerler ve onun "13 çeşit merhameti" ile - Partsuf Se'arot'un 13 parçası ile – bu Işığı alırlar.

Eğer bu Partsuf küçülürse, Işığın akışı durur, bu olay nedeniyle bütün dünyalar acı çeker. Her çeşit sürgün bundan dolayı ortaya çıkar. Ama eğer Arih Anpin, Işığın onun içinden geçmesine izin verirse, böylesi bir sürecin çok yararlı olduğu düşünülür. Arih Anpin'den Hohma Işığını almak için, onun Roş'unda yükselmesi gereklidir. Atsilut Dünyasının Malhut'u, Arih Anpin seviyesine yükseldiğinde, Malhut'un bu özelliğini Arih Anpin'e benzer olma ölçüsünde geliştirdiğine işaret eder.

Bu süreç şöyledir: Öncelikle, Malhut'tan Aba ve İma'ya bir istek gönderilip Malhut'ta bir ıslah gerçekleştirilir ve sonra Malhut, Arih Anpin'in Roş'una yükselir. Bir sonraki Partsuf olan Aba ve İma'da sadece Hasadim Işığı mevcut olabilir. Bu Işığın yardımıyla Malhut ve Zer Anpin ıslah edilir ve üstelik bunlar Arih Anpin'in Roş'undan Hohma Işığını alabilirler.

Michael Laitman

Kabala'nın Gizli
Bilgeliği

Aba ve İma, farklı eylemlerin nasıl gerçekleştirileceğini örnekle göstermek için, Zer Anpin ve Malhut'a giren ilave bir Partsufim yaratırlar. Zer Anpin ve Malhut'a bilgi ve güç veren böylesi bir ilave Partsuf'a Tselem (Görüntü) denir. Islah eden her şey Aba ve İma ile ilişkilidir. Islah edilmiş olan her şey de Malhut ve Zer Anpin ile ilişkilidir.

Neden sadece bu iki Partsufim ıslah edilmelidir? Çünkü bu iki Partsufim, Nikudim Dünyasında kırılmışlardır. Atsilut Dünyasının ilk üç Partzufim'i, Nikudim Dünyasının Roş'unun Reşimot'unda ortaya çıkar. Atsilut Dünyasının Zer Anpin'ine "Ha Kadoş Baruh Hu" yani "Kutsal ve Kutsanmış Olan" denir. Atsilut Dünyasının Malhut'una, Şehina yani "bütün ruhların toplamı" denir. Tora'daki bütün isimler, bahsedilen şahısların isimleri de dâhil olmak üzere, Atsilut Dünyasından ortaya çıkar. Üstelik bu şahıslar, BYA Dünyalarındadırlar, yine de Atsilut Dünyasının kontrolü altındadırlar.

Atsilut Dünyası, Işığın küçük bir parçası yani Or Tolada haricinde Parsa'nın aşağısına herhangi bir Işığın girmesine izin vermez. Bu, Nikudim Dünyasında meydana geldiği gibi, tekrar Şevirat haKelim'den (Kapların Kırılması) sakınmak için yapılır. Parsa'nın altında konumlandırılmış olan AHaP'lar nasıl ıslah edilecekler? Yaradan'dan nasıl farklı olduklarını anlamalarına yardımcı olan güçlü bir Işık ile aydınlatılırlar.

Sonra, kendilerini geliştirmeyi ve yukarıda konumlandırılmış olan Partsuf'la ki bu kendileri için olan Yaradan'dır, ilişki içinde olmayı arzularlar. İhsan etme özelliğini, diğer bir deyişle Masah'ı (Perde) isterler. Şayet, AHaP'dan gelen istek hakiki ise, yukarıda konumlandırılmış

139

olan Partsuf, BYA Dünyalarından onu çıkarır ve Atsilut Dünyasına sokar.

Işık ile dolma sadece Atsilut Dünyasında meydana gelir. BYA Dünyalarındaki AHaP'lar esasında Zer Anpin'in yedi Sefirot'u ve Atsilut Dünyasının Malhut'unun daha alt dokuz Sefirot'udur, çünkü Zer Anpin'in Galgalta ve Eynayim'i ve Malhut'un Keter Sefira'sı, Atsilut Dünyasındadır. Yardım isteği, BYA Dünyalarında konumlandırılmış olan Zer Anpin'in AHaP'larına ve Malhut'a yükselir.

Eğer bu Sefirot yukarı çıkarılabilir ve alakalı olan Atsilut Dünyasının Sefirot'una bağlanabilirse, bu durumda onları Işık ile doldurmak mümkün olabilecektir. Böylesi bir duruma Gimar Tikun denir. Yukarı çıkan AHaP'lar ve Parsa'nın aşağısından gelen Işık tarafından erişilen AHaP'lar arasındaki fark nedir? Fark, nitelikseldir: AHaP yukarı çıktığında, almak için değil de ihsan etmek için gerekli olan bir Kli olarak kullanılır. Alma eyleminin ana özelliği yukarı çıkış esnasında çıkartılır.

Böylece, Galgalta ve Eynayim olarak kullanılır. Bu, Atsilut Dünyasına bir şey ekler ama AHaP'ı temelde ıslah etmez. Yukarı çıkarken, AHaP kendi Işığını değil, Galgalta ve Eynayim'in Işığını kullanır.

Atsilut Dünyasına yükseltilebilecek AHaP'lara ilaveten, yükseltilemeyecek olan ve BYA'da bırakılmış çok sayıda Kelim vardır. Bundan dolayı Galgalta ve Eynayim ile birleştirilmezler. Bu Kelim'i ıslah etmek için ne yapılacaktır? Dünyalardaki Şevirat haKelim gibi, ruhlarda da Şevirat haKelim üretilir.

Bu amaçla, Eyn Sof'un Malhut'u - tamamen bencil olarak yaratılan bir varlıktan başka bir şey değildir,

Michael Laitman

Kabala'nın Gizli
Bilgeliği

özgecilikten yoksundur ve kendi üzerinde kabul ettiği bir kısıtlama durumundadır - Atsilut Dünyasının ZON'unun Galgalta ve Eynayim'inin Kelim'ine dâhil edilir. Burada, Aşpaa Kelim'i ile Kabala Kelim'inin öyle bir kombinasyonu olacaktır ki doğal olarak böylesi bir Partsuf daha küçük parçalara bölünecektir.

Üstelik, özgeciliğin ve bencilliğin ayrı kıvılcımları birleşecek, bu parçalar vasıtasıyla Malhut'un ıslahının yolunu açacaktır. Ve böylece, Atsilut Dünyası, Katnut durumuna girer. Atsilut Dünyasının Malhut'u, Atsilut Dünyasının İma (Bina) seviyesine yükselir ve orada Aviut Bet'te bir Zivug yaparak Beria Dünyasını doğurur.

Aviut Gimel'de Malhut'un 2. Zivug'undan sonra, Yetsira Dünyası doğar. Sonra, Malhut'un Aviut Dalet'teki 3. Zivug'unun ardından Asiya Dünyası meydana gelir. Bunların ardından, Galgalta ve Eynayim ile Katnut'ta temelde yeni olan bir Partsuf yaratılır. Gelecekteki Gadlut'ta bulunan bu yeni Partsuf'un AHaP'ı, Eyn Sof'un Malhut'unun kendisi olacaktır.

Bu Partsuf'a Adam HaRişon (İlk İnsan) denir. Fakat BYA'nın bu ilave dünyaları neden yaratıldı? Sürekli değişmekte olan arzularını eşleştirmek üzere Partsuf'un içinde var olacağı ve Işıktan alabileceği gerekli bir ortamı yaratmak içindir. Nikudim Dünyasında olduğu gibi, Adam HaRişon'un Partsuf'u, Galgalta ve Eynayim Kelim'i ile Katnut'ta doğmuştur. Tüm Partsufim gibi, Gadlut'a girmeyi arzular. Fakat Gadlut için Işığı almaya başlar başlamaz, Eyn Sof'un Malhut'unun Kabala Kelim'inde küçük parçalara bölünür.

Âdem doğduğunda, kesinlikle erdemli (Tsadik) bir insandı, zaten sünnet edilmişti ve Kabala Kelim'inden

141

yoksundu. Sonra, geliştikçe, bütün Cennet Bahçesi'ni yani bütün arzularını ıslah etmeyi arzuladı. Bunu, içine girecek özgecil niyetleri, Aşpaa Kelim'ini barındıramadığı için Malhut'un Malhut'unda Zivug yapmamasına dair Yaradan'ın kesin talimatlarına rağmen arzuladı.

Âdem, Eyn Sof'un Malhut'unda bir ıslah gerçekleştirme kapasitesi hakkında hiçbir vicdan azabı duymadı, çünkü o, kendisinin AHaP'ıydı. Fakat Işık Atsilut Dünyasından Parsa'nın altına aşağı doğru inmeye başladığında, Adam HaRişon çok sayıda parçaya ayrıldı (600,000). Bu parçaların her biri kendi bireysel ıslahlarını gerçekleştirmek için 6,000 yıllık bir mücadele dönemi harcamalıdır. Kişinin Yaradan'a feda edebileceği bencilliğin bu parçasına ruh denir.

Parçalanma anında, Âdem'in bütün arzuları, bencilliğinin en alt seviyesine inmiştir. Bu noktada, bütün parçalar ayrılır ve her bir ayrı parça bu dünyadan haz ve zevk almaya çalışır. Bu, insanın Yaradan ile bağını güçlendirmesinde ve yukarıdan ıslah eden Işığı almasında ona yardım edecek özel koşulların neden kurulmuş olduğunu açıklar.

Islaha maruz kalırken, kişi bütün arzularını ıslah ederek, yardım için Yaradan'a bir ricada bulunur. Yaradan'ın Işığı aşağıya iner ve bu insan ruhunu ıslah etmek için 6,000 müteakip eyleme maruz kalmak zorundadır. Bu durum meydana gelirken, ruh, nitelikleri açısından Eyn Sof'un Malhut'una benzer hale gelir. Sonra, bütün Işığı Yaradan için alır.

Keşfettiğimiz her şey, Atsilut Dünyası ve Adam HaRişon'un Partsuf'u ile ilişkilidir. Kabala'da yazılı olan her şey bu Partsuf'un bir kısmı veya onun doğduğu dünya ile ilgilidir. Herhangi bir zamanda çevredeki dünyanın algılanması, insanın ne kadar yukarıya çıktığına ve Adam HaRişon'un Partsuf'unun hangi kısmına eriştiğine bağlıdır.

Manev dünyalarla bağlanmak, birleşmek için, kişi nitelikleri açısından bu dünya ile bir benzerliğe erişmek zorundadır. Sürekli olarak verme şeklindeki manevi nitelik ile sadece bir arzu eşleşse bile, bu aşamada Yaradan ile bir bağlantı kurulur. Bu ilk bağlantıyı kurmak oldukça zordur. Kişi maneviyata açıldığında, onu açıkça anlar ve onu başka bir şeyle karıştırmaz. Sonra, arzularını değiştirme ihtiyacı duyar. Yaradan, kendi adına, insanın ıslaha erişmesini ve insandan kendisine bir istek gelmesini umar.

İlahi Işık, mutlak bir hareketsizlik içinde bekler, sadece ruhlar değişme uğrar. Bu değişimin her aşamasında, Işıktan yeni bir bilgi alır. Yaradan sadece samimi duaya, arzuya karşılık verir. Eğer bir cevap olmazsa, bu henüz cevap verilecek gerçek bir arzunun olmadığı anlamına gelir. İnsan hazır olduğunda, derhal cevap gelir, çünkü Işık daima Kli'yi doldurmak ister.

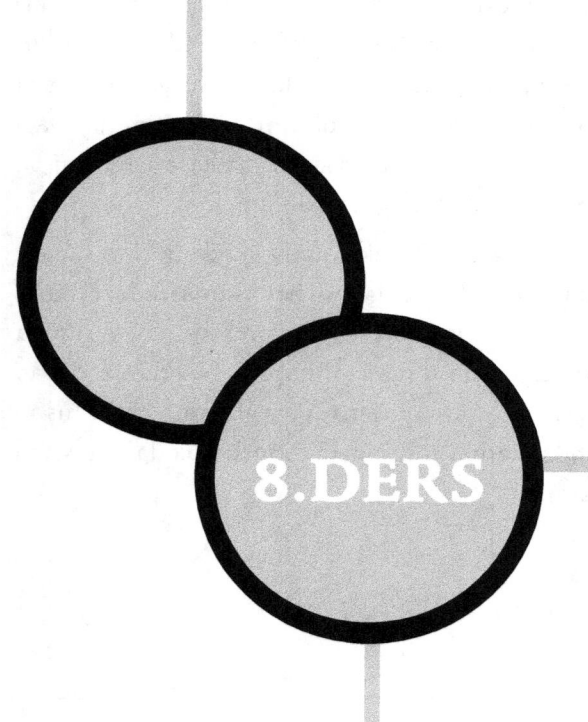

Michael Laitman

8. DERS

Bu derste işlenecek başlıklar:

1. Maddeciliğe Karşı Maneviyat
2. Kli'nin ıslahı
3. Alma Arzusunun Ortaya Çıkması
4. Baal HaSulam Tarafından Düzenlenen Ari Metodu
5. Kabalistin Gözünde Yaratılış.

Bütün kutsal yazılar, bir insanın hayatının sonuna kadar yaşaması beklenen duyguları anlatmaktadır ve mesaj daima aynıdır: Maddi dünyanın cazibeleri yerine maneviyatı tercih etmek ve Yaradan'ı övmektir. Yaradan'ın bizim dualarımıza, övgülerimize ihtiyacı yoktur, çünkü O, tamamen egoizmden mahrumdur.

O'nun tek arzusu, her birimizi memnuniyetle doldurmaktır. Bu, diğer her şey arasından O'nu seçme ve O'nunkine benzer nitelikleri edinme arzumuzla orantılıdır.

Yaradan'ın övülmesi, Kli'nin doğru şekilde yönlendiğine dair bir işarettir. Yaradan ile birleşmekten ortaya çıkan hazlar, sonsuz, ebedi, mükemmel olabilirler ve sadece kişinin egoizm müdahalesiyle sınırlanırlar.

Özgecilik, Kli'yi ıslah etmenin bir yöntemidir, özel bir niteliktir. Egoizm, kayda değer herhangi bir iyilik sağlamaz. Her şey açıkça görülür: İnsanlar ne kadar çok şeye sahip olursa, tatminsiz olmaları o kadar muhtemeldir. En gelişmiş ülkelerde, gençler ve yaşlılar arasındaki intiharlar alarm verici bir boyuttadır

İnsana her şeyi verebilirsiniz; bu çoğu kez yaşamın en basit zevklerini bile hissetmemeye neden olur. Zevk, sadece

145

ıstırap ve haz temasa geçtiğinde hissedilir. Bir hazzın yerine getirilmesi, onu alma arzusunun giderilmesine yol açar.

Yaradan'ın Kli'nin bencil doğasını özgecil bir doğaya dönüştürme emri, O'nun yararına değil bizim yararımıza verilmiştir. İnsanın şu anki durumuna Olam Haze (Bu Dünya) denir, ama bir sonraki durumuna ise Olam Haba (Gelecek Dünya) denir.

Dünya, kişinin şu an hissettiği şeydir, gelecekte yükselen, algılanan duygu ise yeni bir dünyanın algılanmasına neden olur. Eğer her bir öğrenci, kısa bir süre için Kabala kursuna katılsa ve sonra çekip gitse, yine de kendi içinde yaşamaya devam eden bir şeyi alır. Her birimiz yaşamda en önemli şeyin ne olduğunu bilinçsiz olarak hissederiz. İnsanların hepsi farklıdır. Kimileri daha zeki doğar ve daha hızlıdır. Böylesi kişiler çoğu kez iş hayatında ve toplumda başarı kazanırlar. Zengin olurlar ve diğerlerini sömürmeye başlarlar.

Kimileri tembel doğar, yavaşça büyür ve gelişirler, çok da şanslı değildirler. Kimileri, zeki olanlardan daha fazla çalışırlar ama karşılığında az şey elde ederler. Bu dünyada kişinin çabalarını değerlendiremeyiz, zira bunlar insanın doğumunda beraberinde getirdiği çok sayıda içsel niteliğe bağlıdır. Ne insanın içsel, ahlaki çabalarını ne de fiziki çabalarını ölçebilen aletlere sahibiz. Baal HaSulam'ın yorumuna göre, bu dünyadaki insanların yaklaşık %10'u güya özgecildir. Bunlar vermekten haz alan insanlardır.

Nasıl ki egoist bir kişi almadığı için öldürebilir ise, böylesi özgecil bir kişi de veremediği için öldürebilir. Bu tür insanlar, aynı zamanda bir şekilde egoisttirler, çünkü niyetleri ihsanlarının sonucu olarak bir şey almaktır.

Michael Laitman

Kabala'nın Gizli Bilgeliği

Doğal olarak onlar da ıslaha maruz kalırlar. Maneviyat açısından aynı şey söz konusudur. Gerçek bir özgecil karakter olmadıkları için içlerinde doğuştan var olan kötülüğü kavramaları için uzun bir yol kat etmek zorunda kalırlar. Bu, egoist olduklarını fark ettikleri bir dönemdir.

Bir kişi ne kadar bayağı, ne kadar egoist olursa, maneviyata ulaşma fırsatına o kadar çok yakınlaşıyordur. Onun egoizmi büyük olduğu kadar olgundur da. Artık, bu egoizmin kendisine zararlı olduğunu anlamak için bir adım ileri gitmesi gereklidir. Yaradan'dan, niyetini "kendisi için almak"tan "Yaradan için alma"ya değiştirmesini istemelidir.

Utanç niteliği, Keter'in, Behina Şoreş'in neye benzediğini anladığı vakit, Eyn Sof'un Malhut'unda ortaya çıkar. Utanç duygusu, Işık ve Malhut arasında var olan keskin farkın duygusudur.

Malhut'un kendisi Işığı algılayamaz, sadece Işık tarafından içinde uyandırılan özellikleri ve nitelikleri algılayabilir. Işığın kendisi herhangi bir niteliğe sahip değildir. Malhut'un hissettiği bu nitelikler, Işığın Malhut üzerinde yarattığı etkinin sonucudur. İnsan organizmasının bütün tepkileri, manevi veya maddi organizmalar olsun fark etmez, yararlı ve gereklidir. Hastalıkların, bir denge unsuru yaratmak için, organizmanın tepkimesi olduğu varsayılır. Varsayın ki kişinin ateşi var. Organizması kendisini korumak için mikropları öldürmek amacıyla yüksek ısı üretir. Bu tepki, organizmanın daima sağlıksız bir hali olarak değil de dahili sürece verilen bir reaksiyon olarak algılanır. Bundan ötürü hastalıkların belirtilerini öldürmek yani organizmanın reaksiyonunu etkisizleştirmek yanlıştır.

Egoizmimiz çok zekidir. Eğer tatmin edilmesi imkânsız bir arzu varsa, gereksiz bir ıstırap gelmesin diye egoizmimiz onu bastırır. Fakat belli durumların ortaya çıktığı anda, bu arzular yeniden yüzeye çıkarlar.

Yukarıdaki husus, canlı kalmaktan başka herhangi bir özel arzusu olmayan zayıf, yaşlı, hasta bir insan için bile geçerlidir.

Organizma, yerine getirilemeyecek arzuları bastırır. Behina Alef, Bet'e, Bet ise Gimel'e döndüğünde, dünyanın evrimi Or Yaşar'ın dört aşamasına ayrılır. Ama Eyn Sof'un Malhut'u oluştuğu vakit, Malhut'ta yaşayan ve hiçbir şekilde değişmeyen, üst Sefirot'un tüm arzularını içine alır.

Öteki dünyaların daha sonra oluşturulmuş olması gerçeği, değişen arzulara şahitlik eder, evrimleşen niyetlere değil. Niyete bağlı olarak, farklı arzular aktive edilir. Fakat arzuların kendisi değişmez. Orada daha önceden var olmayan hiçbir yeni şey yaratılmamıştır.

Bu husus, aklımıza dün değil de bugün gelen düşünceler için de geçerlidir. Daha önce onlar oradaydı ama dün bizden saklanmışlardı. Her şey insanın içinde pasif durumdadır ve her bir eylemin açığa çıkması için belli bir vakit vardır. Yeni olan hiçbir şey yaratılmamıştır.

İki farklı şeyi bir tek şeye dönüştürmek imkânsızdır. Örneğin; inorganik doğayı, organik doğaya çevirmek gibi, ya da bitki âleminde olan varlıkları hayvanlar âlemindeki bir üyeye dönüştürmek gibi. Ara sınıflar da vardır, örneğin hayvanlar ve bitkiler âleminin ortasında bulunan deniz mercanları gibi. Bitkiler ve hayvanlar arasında, topraktan beslenerek yaşayan canlılar bulabiliriz.

Michael Laitman

Maymun, hayvan ve insan âleminin arasında, ortada konumlandırılmıştır. Ne tam bir hayvan olabilir ne de bir insan. Meydana gelebilecek yegâne değişim, daha yüksek bir seviyeye erişmek için manevi kıvılcımlar insanı maneviyata çektiği zaman oluşur.

Bu aşamada, bu iki ayaklı yaratık gerçek bir insan olur. Kabalistik bakış açısına göre, "insan" olarak adlandırılabilecek çok az insan vardır. Bilim ve teknolojinin gelişimi, sonunda bir çıkmaza ulaşmak durumundadır ve bu bizim şu sonuca varmamızı sağlar ki ana hedef bu değildir. Ama her şeyden önce bu çıkmaz durumuna ulaşmak gerekir.

Kabalistler daima öğrenci grupları organize etmişlerdir. Hiçbir surette, öğrenciler sınıflandırılmaz veya çalışma arzusuna göre kategorilendirilmez. İnsan önceden belli arzularla yaratılandır ve hiç kimse neden bu şekilde yaratıldığını, neden arzularının belli biçimde ortaya çıkarıldığını bilmez.

Sınıflandırma, bir grup oluşturmadan önce, doğal olarak meydana gelir.

Hayim Vital haricinde hiç kimse, Ari'yi gereği gibi anlamamıştır. Hayim Vital'in, Ari tarafından şekillendirilen yeni bir yöntemi takip ederek çalışmaya başladığı bilinmektedir. Ari'nin grubunda zaten büyük Kabalistler vardı, ama o her şeyi tamamen Hayim Vital'e devretmiştir.

Kabala'da usta olan bir kişinin öğretme yöntemi, bu dünyaya inen ruhların çeşidine bağlıdır. Ari'den önce, başka öğreti sistemi ve metotları vardı. Ari'nin yöntemlerinin ortaya çıkmasının ardından, herkes için çalışmak olası olmuştur, bunun için sadece gerçek bir arzu gereklidir.

149

> Kabala'nın Gizli
> Bilgeliği

Michael Laitman

Baal HaSulam, Ari'nin sistemini değiştirmedi, sadece onu genişletti. Ari'nin kitapları ve Zohar ile ilgili olarak daha detaylı açıklamalar yaptı. Bu sayede, bizim neslimizde Kabala çalışmak ve kendilerini manevi âleme çekmek isteyenler, çalışılan materyalin esas özünü anlayabilir ve kutsal kitapları okurken benzerlikler oluşturabilirler.

Ari'den önce bu dünyaya giren ruhlar, maneviyatı tamamen harici olarak algılamışlardı. Ari'nin ölümünün ardından, ruhlar inmeye başladı ve bu ruhlar manevi ve bilimsel yöntemler ile kendilerini ve manevi dünyayı çalışıp analiz ettiler. Bu, Ari'den önce çıkan kitapların hikâye tarzında yazılmış olmasının nedenidir.

Ari'nin öğretisinin ardından çıkan kitaplar, yani On Sefirot'un Çalışması, Behinot (Safhalar), Sefirot ve Olamot (Dünyalar) dilini kullanarak yazılmıştır.

Büyük bir Kabalistin, dünyamızın bilimleri ile iştigal etmesi, farklı deney ve keşifler yapması için bir neden yoktur. Kabala'nın bakış açısından bütün açıklamaları verebilir, çünkü Kabala bütün bilimlerin kaynağıdır.

Her bir bilimin kendi dili vardır. Eğer Kabalist bir bilim adamı değilse, ilgili bilimsel terminolojiyi kullanarak farklı fenomenleri tanımlayamayacaktır. Bütün varlıkların maddi ve manevi özünün temeli olan evrenin gerçek kurallarını tanımlayamayacaktır. Kabalistler, bütün varlıkların maddi ve manevi özünün temeli olan evrenin gerçek kurallarını algılarlar.

İki nesne arasındaki ilişkiyi hangi dilde yazabilir? Manevi nesneler arasındaki ilişkiler nelerdir? Bütün bir dünyayı bir arada tutan manevi gücü nasıl tanımlayabilir?

Bu dünyadaki hiçbir özel formül bunu yapamaz. Manevi dünyada, Kabalist bütün algılamalarını aktarabilir,

ama bu algılamalar maneviyata ilgisi olmayanlara nasıl iletilebilir? Bir şekilde anlatmak mümkün olmuş olsa bile, insan egoist doğasını değiştirene kadar hiçbir şey dünyamızı açıklayamaz.

Eğer insanlar niteliklerini daha yüksek bir seviyeye çıkarırsa, manevi eylemleri gerçekleştirebilir ve kendi aralarında manevi dilde konuşabilirlerdi. Her insan bulunduğu seviyeye göre alır ve ıstırap çeker. Manevi seviyeye erişmek için, Perde (Masah) gereklidir ve bu hiç de kolay bir görev değildir.

İnsan, kaçamayacağı bir kısır döngü içine kıstırılmıştır. Böylece bu döngünün ötesinde ne olduğunu görmezden gelir. Bundan dolayı, Kabala çalışmaları hakkında hiçbir şey bilmeyen insanlar, ona gizli bilim demektedirler.

Zohar Kitabına Giriş isimli eserinde, Baal HaSulam bilginin dört derecesinden bahseder:

1) Madde

2) Maddeye bürünmüş form

3) Soyut form

4) Öz.

Bilim, sadece madde ve bir biçime sahip maddeyi inceleyebilir. Maddesiz biçim tamamen saf bir kavramdır ve kesin bir analizi yoktur. Sonuncusu, yani öz ise nesneleri canlandıran ve tepkileri tetikleyen şeydir ve bilinemez olandır.

Aynı şey, manevi dünyalarla da ilgilidir. Büyük bir Kabalist bile manevi bir şey çalışırken, maddeyi ve onun makyajını hangi biçimde olursa olsun algılayabilir ama maddesiz bir biçimi asla algılayamaz.

Kabala'nın Gizli Bilgeliği

Michael Laitman

Böylece, manevi boyutta, evren hakkındaki bilgimiz için bir sınır vardır. En sonunda Kabalist belli bir seviyeye ulaştığında, Yukarıdan bir hediye alır ve evrenin sırları ona açılır.

9.DERS

9. DERS

Bu derste işlenecek başlıklar:

1. Dünyaların Yayılması
2. Sonsuzluk Dünyasına Erişme
3. Atsilut Dünyasının Partsufim'i
4. Şabat'taki Üç Yükseliş
5. Zaman – Manevi Anlam
6. Saran Işığın Yardımıyla İlerleme
7. Son Islah

Beş dünyanın doğumu:

1) Adam Kadmon
2) Atsilut
3) Beria
4) Yetsira
5) Asiya

Bu, esasında Beş Sefirot'un gerçekleştirilmesidir: Keter, Hohma, Bina, Zer Anpin ve Malhut ki hepsi de Malhut'un kendisinin içindeydi.

Dünyaların Yukarıdan Aşağıya yayılması, dört arzunun Aviut'unun giderek artmasıyla eşleşir; o'dan 4'e kadar olan aşamalar. Dünyalar, Malhut'u saran bir küre gibidir. Benzetme yapacak olursak, kendisi iç içe küreler içinde olan ve sadece en yakınındaki küreyi algılamak için duyu organlarını kullanan bir adamı düşünebilirsiniz: Asiya Dünyası.

Duyu organlarını keskinleştirerek ve niteliklerini değiştirerek, insan aşama aşama bir sonraki ve daha sonraki küreyi algılamaya başlar. Bütün dünyalar, Işığın yoluna

yerleştirilmiş birer filtredir, Saran Işığı engelleyen özel bir Perdedir: Or Makif.

İnsan, bu dünyaların varlığını hisseder hissetmez, "perde filtrelerini" kaldırır. Bu, onu Yaradan'a daha yakın hale getirir. Eğer Işık insana filtre edilmeksizin erişseydi, insanın Kaplarının Şevirat haKelim'ini yaratırdı. Bütün "Perde-Dünyalarını" çıkararak, kişi tüm dünyaların kendisine girmesine, sızmasına izin verir. Bu aşamada, kişi Işığı elde eder ve Işığa benzer niteliklere sahip olur.

Böylesi bir var olma durumu, Gimar Tikun (Son Islah) ile ilişkilendirilir. Başlangıçta, insan, dünyaların içine yerleştirilir ve onların gücünü ve kendisi üzerine yüklenen baskıları algılar. Kişi bu baskıların üstesinden nasıl gelecektir? Bir iç ıslah gerçekleştirerek, örneğin Asiya Dünyasının niteliklerine karşılık vererek. Bu, sıfır seviyesinde özgeci olmak anlamına gelir. Üstesinden geldikten sonra, Asiya Dünyası insanın içine sızar ve böylece insan tarafından Asiya Dünyası hissedilebilir.

Yetsira Dünyasını hissetmek için ise, bu dünyanın niteliklerine benzer nitelikler elde etmek ve bu dünyanın içimize girmesine izin vermemiz gereklidir. Bu aşamada, 1. seviye özgeciller oluruz. Amaç, bütün dünyaları içeri almak ve Aviut'un 2., 3., 4. seviyelerine göre bu dünyalara benzer olmaktır.

Bu şekilde, Malhut tamamen ıslah edilir ve ilk Dokuz Sefirot'u içine alır, bu arada insan bütün dünyaların sınırlarının ötesine geçer ve Sonsuzluk Dünyasına (Olam Eyn Sof) erişir. Islaha başlamak için, insanın, hem Yaradan'ın niteliklerini arzulaması hem de kendi niteliklerini elde etmesi gerekir.

Atsilut Dünyasının her bir Partsuf'u, Zer Anpin ve Malhut Partsufim'i hariç, daha önceki Partsuf'un Pe'hinden başlar; Zer Anpin, Aba ve İma'nın Tabur'undan başlar, Malhut da Zer Anpin'in Tabur'undan başlar.

Atik, Arih Anpin, Aba ve İma'nın üç Partsufim'ine Keter, Hohma ve Bina denir ve bu da Nikudim Dünyasının Keter, Hohma ve Bina'sına karşılık gelir.

Atsilut Dünyasının Roş'u, Nikudim Dünyasının iki başına karşılık gelir ve aynı fonksiyonu yerine getirir. Atik, Arih Anpin, Aba ve İma'dan oluşan Atsilut Dünyasının Roş'u, Nikudim Dünyasının kırılmamış Kelim'inin Reşimot'unda ortaya ilk çıkacak olandır.

Ancak, Zer Anpin ve Malhut aşama aşama yeniden kurulur. Sadece Galgalta ve Eynayim, Zer Anpin'den ve Malhut'un tek noktasından yeniden kurulur. Zer Anpin'in ve Malhut'un AHaP'ları, BYA'nın Dünyaları içindedir. Eğer bu AHaP'lar ıslah edilirse, o zaman bütün dünyalar ıslah edilir. Islah, Adam HaRişon'un Partsuf'unun yardımıyla gerçekleştirilir.

Adam HaRişon'un bu Partsuf'u neye benzer? Atsilut Dünyasının Malhut'u, Bina seviyesine çıkartılır. Buna üç aşamada erişilir. Sonra Atsilut Dünyasının tümü, üç seviye yükselir. Atsilut Dünyasının normal durumuna "hafta içi günü" denir. Böylesi günlerde, Atsilut Dünyası, Parsa'dan aşağıya yayılan yetersiz Işık tarafından aydınlatılır.

Bundan sonra, Yukarıdan aşağıya daha büyük bir Işık gelir ve Atsilut Dünyasını bir seviye yukarı çıkartarak Atsilut Dünyasına daha yüksek nitelikler ihsan eder. Şimdi, Malhut, Zer Anpin'in yerinde bulunmaktadır. Zer Anpin artık Aba ve İma seviyesine erişir. Aba ve İma, Arih

Anpin ile yer değiştirir, karşılığında Atik'in seviyesine ve nihayetinde SAG'a doğru daha yükseğe yükselir.

Atsilut Dünyasının ilk yükselişi, Cuma akşamı yani Erev Şabat'ta meydana gelir. Böylesi bir ilerlemeye Yukarıdan gelen uyanış adı verilir. Aramik dilinde, itaruta de letata denir. Bizim dünyamızda ise bu, günlere, haftalara, zamana ve bize değil de doğanın kanunlarına bağlı olan her şeye karşılık gelir.

Bir sonraki aşama, Atsilut Dünyasını bir seviye yukarı çıkarır. Artık, Malhut, Aba ve İma seviyesinde durur ki burada kendisine ilave bir nitelik - vermek niyeti – verilir. Bu aşamada Malhut, Yaradan için alabilir. Artık, bir Perdeye sahiptir ve Zivug de Hakaa gerçekleştirebilir, böylece yeni bir Partsufin yaratır.

Bir yandan Aba ve İma'nın niteliklerine dayanarak, bir yandan da Eyn Sof'un Malhut'unun niteliklerine dayanarak, Malhut yeni bir Partsuf yaratır: Adam HaRişon. Bir Kabalist için, Erev Şabat (Cuma akşamı), Şabat (Cumartesi), Motzey Şabat (Cumartesi akşamı) denilen manevi durumlar, takvimle alakalı olmayan günlerde tecrübe edilebilir. Şabat'ta, sigara içmek, bir araba ile seyahat etmek gibi eylemler yasaklanmışken, kişisel Şabat'ta her şeye izin verilir. Zira Kabalist bu dünyaları yaşar ve onun kurallarına uymak ve onu uygulamak zorundadır.

Bundan dolayı bir Kabalist için haftanın altı günü, saniyenin bir anı kadar sürebilirken, Şabat birkaç gün devam edebilir. Bu iki durum hiçbir şekilde kıyaslanamaz. Bu dünyada meydana gelen her şey, vücudumuz ile ilgilidir, ama manevi dünyada meydana gelenler, ruhumuz ile alakalıdır. Şimdilik, ruhumuzun ve vücudumuzun senkronize olmadığına şahitlik edebiliriz.

Michael Laitman

Ama gelecekte, dünyamız manevi dünyaların ilkeleriyle çalıştığında ki bu Gimar Tikun'a erişildiğinde olacaktır, her iki dünyanın tüm işleri ve bütün zamanları birbiriyle kaynaşacaktır. Eğer değiştiyseniz ve bu değişim bir saniyenizi aldıysa, bir sonraki değişiminiz beş yıl sürerse, o zaman bu bir sonraki saniyeniz, 5 yıl devam etmiş olacak anlamına gelir.

Manevi dünyada zaman, kişinin niteliklerinin değişimiyle ölçülür. Kişi, Kabala çalışmaya başlamadan önce, dünyamızda binlerce yıl geçebilir. Maneviyata girdikten sonra, birkaç hayatta yaşamaya alışkın olduğumuz şeyleri bir günde yaşayabiliriz. Bu, zamanın kısalması ve değişimiyle ilgili olan bir örnektir.

Manevi yıllar, BYA'nın 6,000 dereceden oluşan seviyelerine karşılık gelir ve referans olarak bizim maddi zamanımızla eşleştirilemez.

BYA Dünyalarından, Atsilut Dünyasına çıkışa, Cumartesi, Şabat denir. Galgalta'nın Tabur'u ve Parsa arasında değişen bölüme Şabat denir.

İlk çıkış, Beria Dünyasından, Atsilut Dünyasına olandır, ikincisi Yetsira Dünyasından Atsilut Dünyasına çıkıştır ve üçüncüsü de Asiya Dünyası ile ilişkili olandır.

BYA Dünyalarının ve Atsilut Dünyasının çıkışı, eş zamanlı olarak meydana gelir. Çıkışın üçüncü aşaması meydana geldiğinde, Atsilut Dünyası, Zer Anpin'i ve Atsilut'un Malhut'unu ve BYA Dünyalarını sarar. Bu sefer, Atsilut Dünyasının Roş'u (Atik, Arih Anpin, Aba ve İma), Atsilut Dünyasının sınırlarını doğru biçimde geçer ve Adam Kadmon Dünyasına girer.

Sırası geldiğinde Galgalta'nın Roş'u (çıkışın 1. Aşaması), Roş AB (çıkışın 2. Aşaması) ve Roş SAG (çıkışın

3. Aşaması) ile beraber yükselir ve Eyn Sof Dünyasına girer. Asiya'nın ilk manevi Dünyasına giren bir kişi, çıkışın 3. Aşaması boyunca Atsilut Dünyasına erişebilir ve manevi Şabat'ı tecrübe edebilir. Sonra bu kişi tekrar başlangıç aşamasına geri getirilebilir, çünkü onun bu yükselişi kendi çabalarının sonucu değildi, ona Yukarıdan bir hediye olarak verilmişti.

Manevi zamanın yönü daima aşağıdan yukarıya doğrudur. Bütün ruhlar, tüm insanlık, sürecin farkında olmadan, sürekli olarak yukarı çıkıyorlar, Yaradan'la birleşmek için O'na yakınlaşıyorlar. Buna, manevi zamanın direkt akışı denir. İnsan bu süreci olumsuz bir süreç olarak hissetse bile, zaman daima olumlu bir yönde ölçülür.

İnsan egoisttir, bundan dolayı maneviyat negatif olarak algılanır. Fakat insan manevi gelişme yolunda yürürken, kendisini asla alçaltmaz. İnsan bu dünyada egoizmini artırmaya çalışmamalıdır, daha ziyade bunun yerine Yaradan'a daha da yakınlaşmayı istemelidir.

İnsan, son ıslahına kadar bu yönde çalışırken, sürekli olarak çoğalan egoizmini hissedecektir, yani doğal egoizmi ilahi niteliklere kıyasla daha da kötüleşecektir. Kabala çalışması, fonksiyonu insana gerçek niteliklerinin neler olduğunu göstermek olan Saran Işığın (Or Makif) çekilmesini sağlar. Bu nitelikler her ne kadar değişmeseler de, daha negatif görünürler.

Esasında, insan sadece ilahi Işığın etkisi altında kendi niteliklerinin gerçek doğasını daha çok fark eder olmuştur. Bu his, kişi aksine inansa bile, onun yaptığı ilerlemenin bir göstergesidir.

BYA Dünyaları neye benzer? Parsa'nın altındaki AHaP'a düşmüş olan özgecil Kelim'dir. Bu dünyalar da

159

Galgalta ve Eynayim'e ve AHaP'lara bölünür. Galgalta ve Eynayim'leri, Yetsira Dünyasının Haze'hi ile sonlanır, yani Beria Dünyasının on Sefirot'undan ve Yetsira Dünyasının altı Sefirot'undan sonra.

Yetsira'nın Haze'hinden aşağıya olan 14 alt Sefirot (Yetsira Dünyasının dört Sefirot'u ve Asiya Dünyasının on Sefirot'u), BYA Dünyalarının AHaP'larıdır. Atsilut Dünyası, Işığı ile Yetsira Dünyasının Haze'hine giden yol boyunca BYA Dünyalarını aydınlatır. Atsilut Dünyasına Şabat denir.

BYA Dünyasının 16 üst Sefirot'una (Galgalta ve Eynayim), Parsa'dan Haze'he kadar, "Şabat Alanı" (Tehum Şabat) denir, ama Atsilut Dünyasının kendisine İr (şehir) denir.

Bütün BYA Dünyaları, Atsilut Dünyasına çıktığı zaman bile, Parsa'nın altından Yetsira Dünyasının Haze'hine (Galgalta Eynayim) kadar yerleşik bulunan arzularla çalışmak mümkündür. Bundan dolayı dünyamızda, Şabat süresince sadece Tehum Şabat sınırları içerisindeki şehrin sınırlarını geçmeye izin verilir.

Bu uzaklık, 2,000 ama (yaklaşık 2,000 metre) ve 70 ama olarak ölçülür. Bu uzaklık nasıl bölünmüştür? Parsa'dan Beria Dünyasının Haze'hine, İbur adı verilir ve 70 ama'ya eşittir. Bu mesafe dışında bulunmasına rağmen, Atsilut Dünyası da bu mesafeye dâhil edilir. Bu, şehri saran bir dış şerittir. Beria Dünyasının Haze'hinden Yetsira Dünyasının Haze'hine kadar olan uzaklık 2,000 ama'ya eşittir.

Parsa ve Sium arasındaki toplam mesafe 6,000 ama'dır. Yetsira'nın Haze'hinden Sium'a uzanan BYA Dünyalarının alanına "kirli yer" denir, Mador haKlipot yani Kabukların mekânı. Mador haKlipot, Asiya Dünyasının On Sefirot'u

Michael Laitman

ile Yetsira Dünyasının Dört Sefirot'unu kucaklayan BYA Dünyalarının AHaP'larından meydana gelir. Burası kesinlikle kutsallıktan mahrum bir yerdir, Şabat boyunca oraya hiç kimse gidemez.

Kişi, manevi dünyaya çıkıp Mahsom'u geçtiği zaman, Mador haKlipot boyunca gitmesine gerek yoktur. O kişi için maneviyata geçiş, Şabat sırasında yani BYA Dünyaları Atsilut Dünyasında olduğu sürece meydana gelmez. Manevi Şabat, herkes için aynı vakitte başlamaz.

Dünyamızda, Şabat farklı ülkelerde, farklı zamanlarda meydana gelir ama eğer kişi güneşin veya ayın etkisi altında değilse, örneğin kozmozun etkisi altında değilse, kendi Şabat'ını Kudüs vakti ile ayarlamak zorundadır: Yaradan'ın Kudüs'te olduğuna dair bir manevi anlayışla uyumlu olarak.

Ruhlar, Atsilut Dünyasına yükseltilirler ki orada doğal olarak var olan sınırlar onlara gösterilir, böylece o sınırlar içinde kalabilirler. İnsan, kendi başına sınırları tayin ettiğinde onların farkına varmaz. O, bu sınırların üstündedir ve onlar baskı yaratmaz.

Sonra, insanın giriştiği eylemler, onun kendi niteliklerinden kaynaklanır. Yaratılışın amacı, kişisel yükseliş anlamına gelir ve Şabat, yüksek dünyalarda nelerin var olduğunu, ne için mücadele edileceğini insana göstermek için var olur.

Islahı elde etme, Yaradan'ın Işığı direkt olarak parladığı zaman, filtre görevi gören dünyaların aracılığı artık olmadığı zaman meydana gelir. Işığın parlaması sınırsızdır ve Yaratılışın amacını gerçekleştirmek için sınırsız bir haz getirir.

161

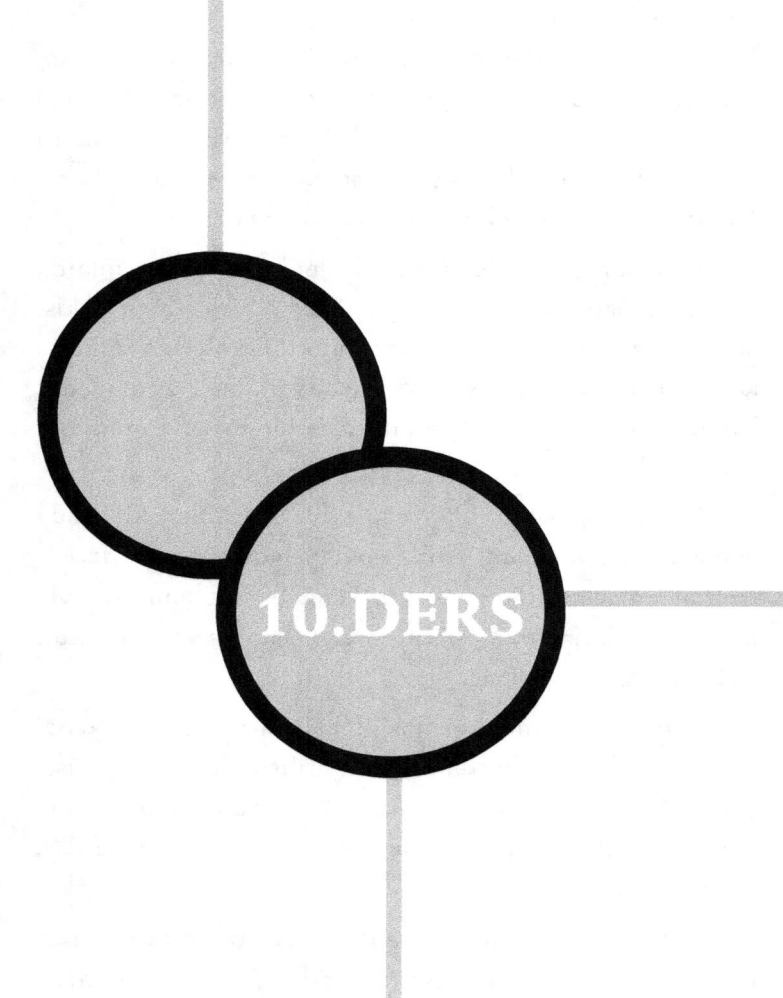

10.DERS

10. DERS

Bu derste işlenecek başlıklar:

1. İlk insan (Adam HaRişon)
2. Form Eşitliği
3. Islah
4. Manevi Filtreler

Bu ana kadar neleri gördüğünüzü özetlemek gerekirse:

Adam HaRişon yaratılan yegâne varlıktır. Bu Partsuf, üç dünyanın yüksekliklerine erişir: Beria, Yetsira ve Asiya. Baş Beria Dünyasındadır, Garon (Boğaz) Yetsira Dünyasınır. Haze'hine yayılır, Guf'u (Beden) ise Yetsira Dünyasınır. Haze'hinden bu dünyanın sınırlarına kadardır. Raglayim (Ayaklar), Asiya Dünyasının bulunduğu yerdedir.

Ülkeler, dünyalarda nasıl konumlandırılmışlardır?

Baal HaSulam, dalların dilini kullanarak şöyle açıklama yapmaktadır: Atsilut Dünyasına, Erets İsrail (İsrail toprakları) denir. Ona en yakın yerde olan Ürdün, Beria Dünyasının bulunduğu yerdedir.

Yaradan'ın emrine bağlı olarak, İsrail'in iki kavmi, ruhların iki türü Ürdün'de konumlandırılabilir, yani Beria Dünyasında, zira bu dünyanın nitelikleri Atsilut Dünyasınır (Hohma) niteliklerinden sadece biraz farklılık gösterir.

Suriye, İsrail'e bitişik olarak düşünülür; ona Beria Dünyasınır Malhut'u denir. Sonra, Beria Dünyasının Malhut'undan, Yetsira Dünyasının Haze'hine kadar Babil yerleşimini buluruz.

163

Kabala'nın Gizli Bilgeliği

Michael Laitman

Parsa'dan Yetsira Dünyasının Haze'hine kadar olan mesafenin Erets İsrail olduğu ve buralara Kibuş David, yani Davud'un Fetihleri denildiği açıkça ortadadır. Kral Davud dünyamızda maneviyatı maddileştirdi. Maneviyat hakkında çalıştığımız her şey, en az bir kez bu dünyada maddileştirilmelidir.

Sadece Yaradan ve insan vardır, yani haz verme arzusu ve bu hazdan zevk alma arzusu. Yaradan'ın Işığını saklayan, insan etrafında beş tane filtre vardır, beş dünya. Eğer insan kendi arzularına göre doğal olarak hareket ederse, kendisini bu filtrelerin etkisi altında bulur. Tüm bu filtreler onun üzerindedir. Eğer kişi, bu filtrelerin sadece birisinin - en alttaki bile olabilir - nitelikleriyle uyumlu olarak kendini ıslah etmeye karar verirse, yükselecektir. Filtrenin üstünde duracaktır ve onun nitelikleri o dünyanın nitelikleriyle eşleşecektir.

Üstelik kişinin nitelikleri diğer iki dünyanın niteliklerine benzer hale gelirse, bu iki filtrenin eylemlerini de etkisiz kılacak ve kendini onların üstünde bulacaktır. Sonra Yaradan'ın Işığı, onun ruhu içine direkt olarak parlayacaktır. Hayat ve ölüm arasında başımıza gelen her şey, manevi dünyalarda meydana gelen şeylerin bir neticesidir.

Işık, onun durumuna bakmaksızın Malhut'a girmek ister. İnsan, Işığı alabilir olmasına rağmen Işığı geri çevirmek zorundadır. Şimdi, Tsimtsum'u tecrübe ediyoruzdur ve bize öyle görünür ki Yaradan artık O'nu algılamamızı istememektedir, bundan dolayı da O, kendini gizler.

Esasında, örneğin bir kişi Asiya Dünyasına eşit bir ıslah gerçekleştirirse, bu onun bu dünyada konumlandırıldığı anlamına gelir. Filtreyi kaldırmıştır, artık ona gereksinim duymaz, zira artık Işığı muhafaza edebilir ve onu verme

164

niyetiyle alabilir. Sonra fark eder ki Yaradan açısından, kısıtlamayı kendimiz için veya O'nun için alma amacıyla yapmamızın veya yapmamamızın bir önemi yoktur.

Açıkçası, insanın kendisi, alma veya verme, gerçek ve yalan, iyi eylemler ve kötü eylemler arasında bir farkın olmadığı ahlaki bir seviyeye erişir. Kişi, tercih ettiği şeyi kendi seçer. Fakat Yaradan açısından sadece bir tek arzu vardır, insanı mutlu etmek. Hazzın türü, alan kişiye bağlıdır.

Asıl husus, Yaradan tarafından koyulmuş bir koşul olmaksızın, hiçbir ilave ödül veya ceza verilmemesine rağmen özgecil yükselişi seçmektir. Bu seçim, ceza-ödül seviyesinde değil, kişinin varlığından tümüyle ayrı olduğu en yüksek manevi seviyededir. Yaradan, insanın özüne beş filtre koyar ve ondan ilahi Işığı saklar. En sondaki beşinci filtrenin arkasında, Yaradan hiçbir şekilde hissedilmez. Bu, bizim maddi dünyamızın konumlandırıldığı yerdir.

Orada ayrıca, insanın dünyada varoluşundan bu yana bütün ruhların, bütün nesillerin arzularının tamamının bulunduğu ve hayatımızın anlamı olan küçük bir Işık kıvılcımı (Ner Dakik), yaşamı destekler. Bu Işık öylesine önemsizdir ki ruhlar tarafından gerçekleştirilen eylemler ihlal olarak düşünülmez, ama sadece minimal hayvani bir yaşam olarak düşünülür.

Bu minimal hazların alınmasında bir kısıtlama yoktur. Yaşa ve mutlu ol... Fakat eğer daha çok istiyorsan, manevi olana benzer olmak zorundasın. Her bir manevi haz, tamamen özgecil bir ihsanı yerine getirmeyi gerektirir. Bunu elde etmek için, insanın belli bir seviyeye erişmesi ve içeri giren Işığı ahlaki gücünün yardımıyla geri çevirerek bir filtre gibi davranması gereklidir.

Kabala'nın Gizli
Bilgeliği

Michael Laitman

Daha sonra, filtre, böylesi bir insan için var olmaktan vazgeçer ve kendi Kli'sine girmeye çabalayan Işığı geri çevirebilir. Bu kişi sonradan alacaktır, ama Yaradan için. Âdem'in ruhu, BYA Dünyalarının Otuz Sefirot'u ile uyum göstermiştir ki bu dünyalar aynı Atsilut Dünyasını temsil ederler, ama Aviut Bet, Aviut Gimel ve Aviut Dalet ile egoist arzuların içinde konumlandırılırlar.

Âdem kendi eylemlerini ıslah ettiği ve onları manevileştirdiği zaman, dünyalarla beraber Atsilut Dünyasına yükselir. Islahın 6,000 aşamasını geçtikten sonra, Adam HaRişon tamamen Atsilut Dünyasına yükselir. Adam HaRişon'un Partsuf'unun bir parçası olan her bir ruh, aynı yolu takip eder. İnsanın kendisi ıslah edilmeye ihtiyacı olan şeyi seçemez ama kendisine Yukarıdan gönderileni, kendisine gösterilen şeyi ıslah eder. Ve böylece bu eylemler en yüksek seviyeye kadar gider.

Michael Laitman

Kabala'nın Gizli Bilgeliği

KISA KABALA SÖZLÜĞÜ

On Sefirot: Ruhun 10 niteliği.

125 Seviye: Egoist özelliklerin değişimi ve Üst Dünyaların edinilmesi, mutlak özgecilik. Beş temel seviye vardır ve bunlara dünyalar denir. Her dünya 5 ana Partsufim'den oluşur. Her Partsufim'in içerisinde 5 kategori vardır ve bunlara Sefirot denir. Toplam 5 dünya x 5 Partsufim x 5 Sefirot = 125 seviye.

620 Seviye: Ruhun arzularının düzeltilmesinin dereceleri.

600,000 Ruh: Yaratılan tek ruh olan Âdem'in parçacıkları.

6,000 Yıl: Hz Âdem'le başlayan dünyadaki ruhların düzeltilmelerinin süreci. BYA (Beria, Yetsira, Asiya).

7,000 Yıl: Atsilut Dünyasının seviyesi.

8,000 Yıl: Partsuf SAG'ın seviyesi.

9,000 Yıl: Partsuf AB'ın seviyesi.

10,000 Yıl: Partsuf Galgalta'nın seviyesi

1995: Bu yıl itibariyle insanlarda maneviyatı edinmek için bir arzu başlayacak.

Adam: Genel ruh, yaratılan esas varlık.

Adam Kadmon: İlk dünya, genel ilahi takdir.

AHaP: Yaratılandaki isteme arzusu, ruh.

Alıcı (Kli- Kap), Yaratılan: Haz duyma isteği.

Altıncı His: Ruh, özgecil olma arzusu.

Ari: Aşkenaz Kabalist İshak'ın kısaltılmışı (1534-1572), 16. Yüzyılda modern Kabala metodunun geliştiricisi.

Michael Laitman

Arzunun Beş Seviyesi: Yaradan'ın yarattığı varlık, 5 seviyeden oluşan bir arzudan ibarettir.

Asiya: Bizim dünyamızı da içeren en alt seviyedeki dünya.

Atsilut: Kontrol ve ıslah dünyası.

Baal HaSulam: Kabalist Yehuda Halevi Aşlag'ın ikinci ismi (1885-1955), Üst Dünyaları edinmenin metodolojisinin yazarı, Zohar Kitabı'nın ve Ari'nin tüm yazılarının yorumlayıcısı.

Beria: Özgecilik dünyası.

Bilgi: Algılanan gerçeğin etken ve etkisini bilmek.

Bina: Yaratılandaki özgecil karakteristik.

Birinci Kısıtlama: Bencilce arzulamanın durdurulması.

Bizim Dünyamız: Perdesiz duyarlılık.

BYA: Beria, Yetsira, Asiya, Ruhun etrafındaki dünyalar.

Dalların Dili: Bizim dünyamızın dilini kullanarak Üst Dünyaları anlatmak.

Duran, Büyüyen, Yaşayan, İnsan: Arzunun 4 seviyesi.

Dünya: Yaratılanın kendi halini algılayışı.

Egoizm (Benlik): Kişinin kendisi için arzulaması / niyet etmesi.

GE (Galgalta ve Eynayim): Özgecil arzular.

Gimatria: Islah edilmiş arzuların sayısal değerleri.

HaVaYaH: Yaratılanın oluşmasını sağlayan direkt Işığın 4 safhası.

Hayat Ağacı: Ari tarafından 16. yüzyılda yazılmış Kabalistik kitap.

Haz: Işığın verdiği his.

Islahın Sonu: Âdem'in tüm arzularının ıslahı.

İç Işık: Ruhu dolduran Işık, arzu, yaratılan.

İkinci Kısıtlama: Alma arzusunu kullanma yasağı.

Enkarnasyon: Ruhun ıslahı.

İradenin Özgürlüğü: Yaradan'ı edinmeyi sağlayabilecek tek ilahi güç.

Kabala: Yaradan'ın yapısı olan özgeciliği edinmek için uygulanan bir metot.

Kabalist: Kabala metodunu kendisi üzerinde edinen kişi.

Keter: Yaratılandaki özgecilik arzusu.

Kli: Yaratılandaki haz duyma arzusu.

Kli'nin Parçalanması: Özgecil amaçlı niyetin yitirilmesi.

Klipa: İlahi gücü kendi arzuları adına ve başkalarının aleyhine kullanma niyeti.

Malhut: Yaratılandaki haz duyma arzusu.

MAN: Islah edinme arzusu.

Manevi Dünya: Özgecil olma arzusunu hissedenler.

Maneviyat / Ruhanilik: Özgecilik prensibi.

Manevi Yükseliş: Özgecil özelliklerin gelişmesi.

Masah: Anti-egoist güç, haz verme niyeti, özgecilik.

NaRaNHaY (Nefeş, Ruah, Neşama, Haya, Yehida): Yaratılandaki beş Işık.

Bnei Baruch Eğitim ve Araştırma Enstitüsü

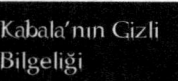

Michael Laitman

Nefeş: En az edinilen maneviyat, yaratılandaki en küçük Işık.

Neşhama: İkinci derecenin Işığı.

Niyet: Arzunun kişinin kendisi için ya da bir başkası için yönlendirilmesi.

Özgecilik / Vermek: Karşılıksız verme niyeti (kime yönelik olursa olsun).

Partsuf: On Sefirot'tan oluşan ruhani nesne.

Perde: Anti-egoist güç, haz verme niyeti, özgecilik.

Putperestlik: Olan her şeyin Yaradan'dan kaynaklandığını algılayamamak.

Rabaş: Kabalist Baruh Şalom Halevi Aşlag'ın kısaltılmışı (1906-1991), Merdivenin Basamakları adlı kitabın yazarı, insanın maneviyata yükselişinin detaylı anlatımı.

Raşbi: Kabalist Şimon Bar Yohai, Zohar'ın yazarı (M.S. 2. yüzyıl).

Ruh: Üst güce benzerliği edinme arzusu.

Ruhani Gen (Reşimo): Farkına varılmamış özgecil hal.

Saran Işık: Yaratılana girmek isteyen ve egoist arzuları özgecil arzulara çeviren Işık.

Sonsuz Dünya (Eyn Sof): Işığın sınırsız olarak alınabilmesi.

Talmud Eser Sefirot (TES): On Sefirot'un Kitabı, Baal HaSulam'ın kitabı (20. yüzyıl), Kabala öğrencilerinin ana kitabı.

Üst Dünya: İnsanın kendi özgecil olma arzusunda hissettikleri.

Üst Işık: Özgecilikten edinilen haz.

Yansıyan Işık: Yaradan'a benzer olma niyeti.

Yaradan: Özgecilik, özgecil olmak arzusu.

Yaratılan: Haz duyma arzusu, Galgalta.

Yaratılışın Kitabı (Sefer Yetsira): Hz. İbrahim'in M.Ö. 18. Yüzyılda yazdığı Kabalistik kitap.

Yaşayan Ruh: Biyolojik bedenin hayat gücü.

Yehida: Yaratılan en yüce Işık.

Zer Anpin (ZA): Yaratılandaki küçük hal.

Zohar Kitabı (Işığın Kitabı): Evrenin erdemliliğiyle ilgili yazılmış bir kitap (M.S. 3. yüzyıl).

BNEY BARUH HAKKINDA

Bney Baruh, Kabala bilgeliğini tüm dünya ile paylaşan büyük bir Kabalistler grubudur. 38 den fazla dildeki çalışma araçları bir nesilden diğerine geçmiş otantik Kabala metinlerini temel alır.

Mesaj

Bney Baruh dünya çapındaki binlerce öğrencinin birçok çeşitli hareketinden oluşmaktadır. Her öğrenci kendi kişisel koşullarına ve yeteneklerine göre kendi yolunu ve yoğunluğunu seçer.

Son yıllarda grup, orijinal Kabala kaynaklarını çağdaş bir dille sunan gönüllü eğitim projeleriyle uğraşan bir hareket olarak büyüdü. Bney Baruh tarafından dağıtımı yapılan mesajın özü insanların birlik olması, ulusların birliği ve insan sevgisidir.

Binlerce yıldır, Kabalistler insan sevgisinin yaratılışın temeli olduğunu öğretmektedirler. Bney Baruh kesinlikle Din, Irk, Dil, v.b. bir ayırım gözetmez. Bu sevgi Hz. İbrahim'in, Hz. Musa'nın ve onların kurduğu Kabalist grupların günlerinden beri hakim olmuştur. İnsan sevgisi temelsiz nefrete dönüştüğü zamanlarda, millet sürgün ve ızdırap içine düşmüştür. Eğer bu eski-ama-yeni değerler için bir yer açarsak, farklılıklarımızı bir kenara koyup birleşmek için gerekli olan güce sahip olduğumuzu keşfedeceğiz.

Bin yıldan beri gizlenmiş olan Kabala bilgeliği şimdi açığa çıkıyor. Bizim yeterince geliştiğimiz ve onun mesajını uygulamaya hazır olduğumuz bir zaman için bekliyordu. Bugün Kabala ulusların kendi içlerindeki ve uluslar arasındaki gruplaşmaları, ayrılıkları birey ve toplum olarak çok daha iyi bir durumda birleştirecek bir mesaj ve çözüm olarak ortaya çıkmaktadır.

Tarih ve Kökeni

Kabalist Michael Laitman, Ontoloji (Varlık Bilimi) ve Bilgi Kuramı Profesörü, Felsefe ve Kabala konusunda doktora, Tıbbi Bio-Sibernetik konusunda yüksek lisans yapmıştır ve 1991 de, hocası Kabalist Baruh Şalom HaLevi Aşlag'ın (Rabaş) vefatından sonra Bney Baruh adlı Kabalist grubunu kurmuştur.

Kabalist Michael Laitman akıl hocasını anmak için onun anısına grubuna Bney Baruh (Baruh'un Oğulları) adını verdi. Hayatının son 12 yılında, 1979 dan 1991 e kadar onun yanından hiç ayrılmadı. Kabalist Laitman, Aşlag'ın en önemli öğrencisi ve özel asistanıydı ve onun öğretim metodunun takipçisi olarak tanındı.

Rabaş 20.yüzyılın en büyük Kabalisti Yehuda Leib HaLevi Aşlag'ın ilk oğlu ve takipçisidir. Yehuda Aşlag, Zohar kitabı üzerine yazılmış en kapsamlı ve en saygın tefsirin yazarıdır. Sulam Tefsiri (Merdiven Tefsiri) manevi yükseliş için eksiksiz bir metod ifşa eden ilk Zohar tefsiridir.

Bney Baruh tüm çalışma metodunu bu büyük manevi liderler tarafından kazılmış yol üzerine temellendirir.

Kabala Dersleri

Yüzyıllardır Kabalistlerin yaptığı gibi ve Bney Baruh faaliyetlerinin odağındaki en önemli ögesi olarak, Kabalist Laitman Bney Baruh'un İsraildeki merkezinde her gün 03.00-

06:00 (İsrail ve Türkiye saatiyle) arası verdiği dersler yer almaktadır. Dersler simultane olarak 7 dilde; İngilizce, Rusşa, İspanyolca, Almanca, İtalyanca, Fransızca ve Türkçe olarak çevirilmektedir.

Tüm Bney Baruh faaliyetleri gibi canlı yayınlarda dünyanın her yerinden olan binlerce öğrenci için ücretsiz olarak sunulmaktadır.

Finansman

Bney Baruh Kabala bilgeliğini paylaşmak üzere kâr amacı gütmeyen bir organizasyon olarak kurulmuştur. Bağımsızlığını ve niyetlerin saflığını koruyabilmek için Bney Baruh hiçbir devlet ya da politik oluşum tarafından desteklenmemektedir, fonlanmamaktadır ya da hiçbir kuruluşa bağlı değildir.

Çoğunlukla bu aktiviteler ücretsiz olarak sunulduğu için, grup aktivitelerinin temel kaynağı öğrencilerin gönüllü olarak katkıda bulunmalarından oluşmaktadır.

Kabalist Michael Laitman'ın Kabala'yı Arayışı

Bir çok derste ve röportajda Kabala'ya nasıl geldiğim bana sürekli sorulan bir sorudur. Kabala'dan uzak bir takım konuların içerisinde olsaydım muhtemelen bu sorunun geçerliliğini anlayabilirdim. Ancak Kabala hayatımızın amacının öğretisidir; hepimize çok yakın ve her birimizi ilgilendiren bir konu! Dolayısıyla bence daha uygun bir soru, Kabala'nın kişinin kendisi ve hayat ile ilgili soruları içinde barındırdığını nasıl bulduğum olmalı. Yani soru, "Kabala'yı nasıl keşfettiniz?" değil, "Neden Kabala ile ilgilen yorsunuz?" olmalı.

Hâlâ çocukluk çağındayken, tıpkı bir çok insan gibi, neden var olduğum sorusunu sordum. Bu soru, dünyevi zevklerin peşinde koşarak bu soruyu bastırmadığım anlarda sürekli beni rahatsız ediyordu. Bununla beraber, bu soruyu defalarca suni şeylerle, örneğin ilginç bir meslek edinip kendimi yıllarca işime adayarak ya da uzun yıllar peşinde koştuğum kendi ü keme göç etmekle bastırmaya çalıştım.

1974 yılında İsrail'e geldiğimde de hayatın manası nedir sorusuyla hâlâ boğuşuyordum; yaşamaya değecek bir neden bulmaya çalıştım. Elimdeki imkânları kullanarak eski konuları (politika, iş hayatı vs) farklı yorumlarla ele alıp herkes gibi olmaya çalışsam da hâlâ bu ısrarlı soruyu silip atamıyordum: Hangi nedenden dolayı tüm bu şeyleri yapmaya devam ediyorum? Diğer herkese benzeyerek ne elde ediyorum?

Maddi ve manevi zorlukların etkisiyle beraber realiteyle başa çıkamayacağımın farkına varmam 1976 yılında beni dindar bir hayat yaşamaya getirdi. ümidim bu hayat tarzının bana daha uygun düşünceler ve fikirler getireceği ve yapıma daha uygun olacağı inancıydı.

Hiçbir zaman insanlığa özel bir meylim olmadı, sosyal bilimler, psikoloji ya da Dostoyevski'nin derinliğinin değerini ölçecek bir ilgiye sahip değildim. Sosyal bilimlerdeki tüm ilgim hep alelâde seviyedeydi. Belli bir düşünce ya da hissin derinliğinden kaynaklanmıyordu.

Buna rağmen, çocukluğumun erken dönemlerinden beri bilime güçlü bir çekim hissediyordum ve sanırım bu bana çok faydalı oldu.

1978 yılında tesadüfen Kabala dersleri için bir reklam gördüm. Hemen gidip kayıt yaptırdım ve doğamın geleneksel heyecanıyla Kabala'ya daldım. Bir çok kitap aldım ve bazen haftalarımı bile alsa cevaplar bulabilmek için bu kitapları derinlemesine çalışmaya başladım.

Hayatımda ilk kez böylesine derinden, özümden etkilenmiştim ve anladım ki benim ilgi alanım buydu çünkü yıllardır kafamı karıştıran konuların hepsiyle ilgileniyordu.

Gerçek bir öğretmen aramaya başladım, tüm ülkeyi dolandım ve bir çok yerde derslere katıldım. Ama içimden bir ses sürekli esas Kabala'nın bu olmadığını söylüyordu, çünkü benden değil soyut ve uzak şeylerden bahsediyordu.

Tüm bulduğum hocaları terk ettikten sonra bana yakın bir arkadaşımın da Kabala'ya ilgi duymasını sağladım. Akşamlarımızı birlikte, bulabildiğimiz tüm Kabala kitaplarını çalışarak geçirirdik. Bu aylarca sürdü.

1980 yılında soğuk, yağmurlu bir kış gecesi, Pardes Rimonim ve Tal Orot kitaplarını çalışmak yerine, çaresizlikten, kendimi de şaşırtacak şekilde arkadaşıma Bney-Barak şehrine gidip bir hoca arayalım dedim.

Orada bir hoca bulursak derslere katılmak bizim için uygun olur diye de teklifimi haklı çıkarmaya çalıştım. O güne kadar Bney-Barak şehrini sadece birkaç kere Kabala kitapları ararken ziyaret etmiştim.

O gece Bney-Barak soğuk, rüzgarlı ve yağmurluydu. Kabalist Akiva ve Hazon-İsh dört yoluna geldiğimizde camı indirip sokağın öteki tarafında uzun siyah palto giymiş bir adama seslendim: "Buralarda nerede Kabala çalışırlar bana söyler misin?" Dinci bir mahallenin ne tür bir atmosferi olduğunu bilmeyenler için bu sorunun kulağa çok garip geleceğini söyleyebilirim. Kabala hiçbir dini eğitim okulunda öğretilmiyordu. Hatta Kabala'ya ilgi duyduğunu başkasına söyleyecek kişiler bile bulmak mümkün değildi. Ancak sokağın karşı tarafında duran bu yabancı, sanki hiç şaşırmamışçasına bana cevap verdi: "Sola dön ve turunç bahçelerine gelene kadar devam et, orada bir bina var. Orada Kabala öğretiyorlar."

Tarif edilen yere geldiğimizde karanlık bir bina bulduk. İçeriye girdiğimizde yan bir odada uzun bir masa gördük. Masada dört beş tane uzun ak sakallı adam vardı. Kendimi tanıttım ve Rehovot'tan geldiğimizi söyleyip Kabala çalışmak istediğimizi ekledim. Masanın başında oturan yaşlı adam bizi katılmaya davet etti ve ders bittikten sonra konuşuruz dedi.

Sonra ders Zohar Kitabı'ndan Sulam tefsiriyle bir bölüm okuyarak, yarı Aşkenazi (Yidiş) dili mırıldanarak ve sadece yarı bakışlarla insanların birbirlerini anladığı bir ortamda devam etti.

Bu insanları görüp dinledikten sonra sadece yaşlılıklarını geçirmek için bir araya gelen bir grup adam sandım, henüz akşam fazla geç değildi ve Kabala çalışabileceğimiz bir yer daha bulmak için zamanımız vardı. Ama arkadaşım beni durdurdu ve bu kadar kaba davranmamın uygun olmadığını söyledi. Birkaç dakika sonra da ders sona ermişti ve yaşlı adam kim olduğumuzu öğrendikten sonra telefon numaralarımızı istedi. Bizim için uygun bir hocanın kim olabileceğini düşünüp haber vereceğini söyledi. Bunun da çabamızı daha önceleri gibi boşa harcamaktan başka bir şey olmayacağını düşündüğümden telefon numaramı vermekte biraz çekingendim. Benim tereddüdümü hisseden arkadaşım kendi numarasını verdi. Ve iyi akşamlar diyerek oradan ayrıldık.

Ertesi akşam arkadaşım evime geldi ve yaşlı adamın kendisini arayıp bize bir hoca ayarladığını ve hatta ilk dersin o akşam olduğunu söyledi. Bir geceyi tekrar boşa geçirmek istemiyordum ama arkadaşımın arzusuna boyun eğdim.

Tekrar oraya gittik. Yaşlı adam bir başkasını çağırdı, kendisinden biraz daha genç fakat onun gibi beyaz sakallı biri; genç adama Yidiş dilinde birkaç kelime söyledi ve ayrılarak bizi yalnız bıraktı. Hocamız hemen oturup çalışmaya başlayalım dedi. Bir makale ile başlamayı tavsiye etti "Kabala'ya Giriş"; ben ve arkadaşım bu makaleyi daha önce defalarca anlamaya çalışmıştık.

Boş odadaki masalardan birine oturduk. Bizlere her paragrafı açıklayarak tek tek okumaya başladı. O anı hatırlamak benim için her zaman çok zordur; yıllarca arayıp da hiçbir yerde bulamadıktan sonra sonunda aradığımı bulduğuma dair keskin bir his vardı içimde. Dersin sonunda bir sonraki gün için ders ayarladık.

Ertesi gün bir kayıt cihazıyla geldim. Esas derslerin her sabah saat 3 ile 6 arasında olduğunu öğrendikten sonra, her gece gelmeye başladık. Ayrıca her ay yeni ayı kutlama yemeklerine de katılmaya başladık ve herkes gibi merkezin masraflarına katkıda bulunup aylık ödemelerimizi yapmaya başladık.

Her şeyi ille de kendim keşfedeceğim arzusuyla genellikle de biraz agresif olarak sık sık tartışmalara girdim. Ve bizlerle olan tüm olaylar grubun hocasına hep gidiyordu ve o da bizler hakkında sürekli soru soruyormuş. Bir gün bizim hocamız sabah dersinden sonra saat 7 gibi grubun büyük hocasının benimle "Zohar Kitabı'na Giriş" kitabını çalışabileceğini söyledi. Ancak, birkaç ders sonra benim bu derslerden hiçbir şey anlamadığımı görünce, kendi hocam aracılığıyla bu derslerin durdurulacağını söyledi.

Hiçbir şey anlamamama rağmen onunla çalışmaya devam etmeye razıydım. İçsel anlamlarına inebilme ihtiyacının dürtüsüyle, sadece mekanik olarak okumaya bile hazırdım. Çok alınmama rağmen zamanımın gelmediğini bilmiş olsa gerek ki dersleri sona erdirdi.

Aradan altı yedi ay geçti ve bizim hocamız vasıtasıyla büyük hocamız onu arabamla doktora götürüp götüremeyeceğimi sormuş. Elbette hemen kabul ettim. Yolda bana bir çok konudan bahsetti. Ben ise ona Kabala ile ilgili sorular sormaya çalışıyordum. Ve o yolculukta bana, şu an ben hiçbir şey anlamıyorken benimle her şeyden konuşabileceğini ama gelecekte anlamaya başladıkça benimle bu kadar açık konuşmayacağını söyledi.

Ve aynen söylediği gibi oldu. Yıllarca sorularıma cevap vermedi bana şöyle derdi "Kimden talep edeceğini biliyorsun" yani Yaradan'dan bahsediyordu, "talep et, sor, yalvar, iste, ne istiyorsan yap, her şeyi O'na yönlendir ve her şeyi O'ndan talep et!"

Doktor ziyaretlerimiz pek bir işe yaramadı ve kendisini kulak iltihabından koca bir ay hastaneye yatırmak zorunda kaldık. Bu zamana kadar hocamı bir çok kez doktora götürdüm; ve hastaneye alındığı gün geceyi onun yanında geçirmeye karar verdim. Tüm bir ay boyunca hastaneye sabah 4'de gelir, telleri tırmanır, görünmeden binaya girerdim ve çalışmaya başlardık. Tüm bir ay boyunca! O zamandan sonra Kabalist Baruh Şalom Halevi Aşlag, Baal HaSulam'ın en büyük oğlu, benim hocam oldu.

Hastaneden ayrıldıktan sonra, sık sık parklara uzun yürüyüşlere gittik. Bu yürüyüşlerden döndükten sonra duyduğum her şeyi harıl harıl yazardım. Bu sık yürüyüşler her gün üç dört saat sürerdi ve zaman içinde alışkanlık oldu.

İlk iki yıl boyunca hocama sürekli daha yakına taşınabilir miyim diye sordum, ama yakında oturmamın bir gereklilik olmadığını hatta Rehovot'a gidiş gelişlerimin manevi çalışma açısından çaba olduğunu söyledi. Ancak, iki yıl sonra hocam yakına taşınmamı ve Bney-Barak'ta yaşamamı kendisi tavsiye etti ve nedendir bilinmez pek bir acelem yoktu. O kadar yavaş hareket ediyordum ki bu konuda, hocam gidip benim için kendisine yakın bir apartman dairesi buldu ve taşınmamı söyledi.

Hâlâ Rehovot'ta yaşarken hocama daha önce katıldığım bir merkezde Kabala çalışmaya teşebbüs eden birkaç kişiye ders verebilir miyim diye sordum. Bu haberi fazla heyecanlı karşılamasa da daha sonraları derslerimin nasıl gittiğini sordu. Kendisine Bney-Barak'taki grubumuza yeni kişileri davet edebileceğimi söylediğim zaman kabul etti.

Sonuç olarak bir çok genç erkek grubumuza katıldı ve birden tüm merkez cıvıl cıvıl hayat dolu bir yer oldu. İlk altı ayda yaklaşık on kadar düğün oldu. Hocamın hayatı ve günleri sanki yeni bir anlam kazanmıştı. Birçok insanın Kabala çalışmak istediğini görmesi kendisini çok memnun etmişti.

Günümüz genellikle sabah saat 3'de başlardı ve sabah saat 6'ya kadar çalışırdık. Her gün sabah saat 9'dan 12'ye kadar parka yürüyüşe ya da denize giderdik.

Döndükten sonra ben evime çalışmaya giderdim. Sonra tekrar eve giderdim ve sabah saat 3'de tekrar derse katılırdım. Bu şekilde yıllarca devam ettik. Tüm dersleri kasete kayıt ederdim, derslerin kayıtları bini geçti.

Son beş yılımızda, 1987'den itibaren, hocam beraber Tiberias'a yolculuk etmemizin iyi olacağını söyledi ve her iki haftada bir iki günlüğüne Tiberias'a giderdik. Bizi herkesten ayıran bu geziler aramızda bir yakınlaşmaya sebep oldu. Ama zamanla aramızdaki manevi algılayışın farkından kaynaklanan mesafe içimde giderek büyümeye başladı ve bu mesafeyi nasıl kapatacağımı bir türlü bilemedim. Bu mesafeyi, o yaşlı adamın her defasında fiziksel bir ihtiyacı nasıl geri çevirerek mutlu olduğunu net olarak algılayabildiğimde görebiliyordum.

Onun için sonucun net olduğu bir şey kanundu, ister yorgun olsun ister hasta günlük çalışma programı son derece disiplinli uygulanıyordu. Yorgunluktan yığılacak bile olsa günün gerekli olan tüm planını her detayıyla eksiksiz yerine getirirdi ve üstlendiği hiçbir şeyi tam halletmeden bırakmazdı. Yorgunluktan nefessiz kalıp, nefes darlığı çekmesine rağmen bir dersini bile atlatmaz, sorumluluğunu hiçbir zaman bir başkasına devretmezdi.

Onun bu olağanüstü gücünün, amacının yüceliğinden ve Yaradan'dan geldiğini bilmeme rağmen, onu sürekli böyle gördüğümde kendime olan güvenim sarsılır ve başarılı olma ihtimalimin olmadığını düşünürdüm.

Onunla T'veria ve Meron dağına yaptığımız gezilerin bir anını bile unutmam mümkün değil. Uzun geceler onun karşısında oturur, bakışlarını, sözlerini ve mırıldandığı şarkıları içime alırdım. Bu hatıralar içinde hâlâ yaşıyor ve bugün bile benim yolumu belirleyip rehberlik ediyorlar. On iki yıl boyunca her gün bire bir çalışmamızdan içimde kalan tüm bilgi, bağımsız olarak yaşıyor ve işliyor.

Sık sık hocam bir konuşmasından sonra çok alakasız bir cümle söylerdi ve bunu bu cümlelerin dünyaya girip yaşaması ve işlevlerini yerine getirdiğinden emin olmak için yaptığını söylerdi.

Grup çalışması Kabalistler tarafından çok eski zamanlardan beri yapılmaktadır ve ben de hocamdan yeni gelenlerden böyle gruplar oluşturmasını ve bu grupların bir araya gelmelerini düzenleyecek yazılı bir plan talep ettim. Bu şekilde haftalık makale yazmaya başladı ve hayatının son günlerine kadar da devam etti.

Sonuç olarak bizlere kendisinden sonra bir araya getirdiğimiz bir çok ciltlik muazzam materyal kaldı ve yıllar boyunca biriktirdiğim kayıtlarla birlikte, Kabala ilmi üzerine çok geniş kapsamlı anlatımlar oluşturduk.

Yeni yıl kutlamaları esnasında, hocam aniden göğsündeki bir baskıdan dolayı rahatsız andı. Ancak çok yoğun ısrardan sonra tıbbi bakıma girdi. Doktorlar kendisinde hiçbir hastalık ya da rahatsızlık bulamadılar, ama Tişrei ayının beşinci gününde 5752 (1991) yılında vefat etti.

Son yıllarda gruba katılan bir çok öğrenci hâlâ Kabala çalışmaya devam etmekte ve yaratılışın içsel anlamını araştırmaktadır. Öğreti yaşamaya devam etmektedir, tıpkı geçmiş yüz yıllarda olduğu gibi. Kabalist Yehuda Aşlag ve onun büyük oğlu, hocam Kabalist Baruh Aşlag, çabalarıyla bu öğretiyi bizim neslimizin ve zamanımızda dünyamıza inen ruhların ihtiyacına göre uyarladılar.

Manevi bilgi Kabaliste Yukarıdan kelimeler olmadan aktarılır ve tüm duyu organları ve akıl tarafından eş zamanlı algılanır. Dolayısıyla, bütünüyle anında algılanır.

Bu bilgi sadece bir Kabalistten, ya aynı ya da daha Üst Seviyedeki bir başka Kabaliste aktarılabilir. Aynı bilgiyi henüz o manevi seviyeye ya da manevi dünyaya gelmemiş bir insana aktarmak mümkün değildir, çünkü bu kişi gerekli algıdan yoksundur.

Bazen bir hoca kendi perdesiyle (Masah) öğrencisini geçici olarak kendi bulunduğu manevi seviyeye çekebilir. Bu durumda, öğrenci manevi güçlerin ve hareketlerin özüyle ilgili bir nosyon edinebilir.

Manevi dünyaya henüz geçmemiş bir kişi için standart bilgi aktarım yöntemleri uygulanır: yazılar, sözlü anlatım, direkt iletişim, kişisel örnek vs.

"Yaradan'ın İsimleri" adlı makaleden de bildiğimiz gibi harflerin tarifi anlamının ötesinde bir şey, yani içsel manevi mesajı aktarmak için kullanılabilir. Ancak kişi manevi anlamlarına tekabül eden algıları edinmediği sürece, kelimeleri okumak masaya boş tabaklar koymak ve yanlarına güzel yemeklerin isimlerini yazmak gibidir.

Müzik daha soyut bir şekilde bilgi aktarmaktadır. Bizim dünyamızı yöneten ve yedi kısımdan ya da Sefirot'tan oluşan manevi varlık "Atsilut'un Partsuf Zer Anpin'i" gerçeğinin ışığı altında, tıpkı görünebilen bir ışık gibi, yedi temel güç -nitelik- tondadır.

Bulunduğu duruma göre, kişi müziği besteleyen Kabalistin manevi koşullarını çıkarabilir. Bu kişi melodiyi oluşturan Kabalistle aynı seviyede olmak zorunda değildir; içsel manasını kişisel manevi derecesinin mümkün kıldığı kadarıyla kavrayabilir.

1996, 1998 ve 2000 yıllarında Baal HaSulam ve Rabaş'a ait üç müzik diski kaydedilmiş ve çıkartılmıştır. Melodiler Kabalist Laitman'ın hocası Kabalist Aşlag'dan duyduğu şekilde sunulmuştur. Sözlere ek olarak, melodilerin sesleri de bir çok Kabalistik bilgi taşımaktadır.

Kabala Bilimi - Herkes İçin Manevi İlim Kitabı

Çağımızın büyük Kabalistlerinden Yehuda Aşlag ve onun oğlu ve varisi Baruh Şalom Aşlag, yaşamın temel sorusuna cevap getirir: Hayatımın anlamı ne? Zohar ve Yaşam Ağacı kitaplarının yorumlarına dayandırılan bu kitapla günlük yaşamda Kabala ilminden nasıl faydalanacağımızı öğreniriz. Büyük Kabalistlerin otantik metinlerine ilave olarak, bu kitap, bu metinlerin anlaşılmasını sağlayan pek çok yardımcı makaleyle birlikte, Kabalistlerin deneyimlediği Üst Dünyaların evrimini betimleyen çizimlerden oluşur.

Kabala Bilimi kitabında, Baruh Aşlag'ın kişisel asistanı ve baş öğrencisi Michael Laitman, manevi dünyaları edinmeyi amaçlayan Kabala öğrencileri için kadim makaleleri uyarlamıştır. Laitman günlük derslerini bu ilham verici makalelere dayandırarak, Üst Alemlere muhteşem yolculuğumuzda izleyeceğimiz manevi yolu daha iyi anlamamız için bizlere yardımcı olur.

Merdivenin Sahibi

İnsanlık tarihinin en yıkıcı cağının şafağında, 20. yüzyılda, gizemli bir adam insanlık ve onun acılarının alışılmadık çözümüyle, sosyo-politik arenada ortaya çıktı. Kabalist Yehuda Ashlag, yazılarında açıklıkla ve tüm detaylarıyla öngördüğü savaşları, karışıklıkları ve daha çarpıcı olarak da bugün yüz yüze kaldığımız ekonomik, politik ve sosyal krizi anlattı. Birleşmiş bir insanlık için duyduğu derin özlem, onu Zohar Kitabını açmaya -ondaki eşsiz gücü- herkes için ulaşılabilir yapmaya zorladı.

Kabalist, kabala, maneviyat, özgür seçim ve realitenin algısıyla ilgili bildiğinizi düşündüğünüz her şeye arkasını dönen, sinematik bir romandır. En yüksek edinim derecesine ulaşmış, tüm realiteye hükmeden tek güçle direkt temas içindeki insanın, hissiyatını ve içsel çalışmasını aktarmaya çalışan kendi türündeki ilk romanıdır.

Kabalist, bilimsel bir açıklık ve şiirsel bir derinlikle birlik mesajı verir. Dinin, milliyetin, mistisizmin, uzay ve zamanın şeffaf yapısının ötesine geçerek, bize tüm insanlıkla beraber doğayla ahenk içinde olduğumuzda, tek mucizenin içimizdeki mucize olduğunu gösterir. Bize hepimizin Kabalist olabileceğini gösterir.

Ölümsüz Kitabın Sırları

Musa'nın beş kitabı, tüm zamanların en çok satan kitabı Tora'nın parçasıdır. Bu şekliyle Tora, şifreli bir metindir. Masalların ve efsanelerin altında, insanlığın en yüksek seviyeye doğru yükselişini— Yaradan'ın edinimi- anlatan bir alt metin saklıdır.

Ölümsüz Kitabın Sırları, Tora'nın Yaratılış ve İsrail Halkının Mısır'dan sürgünü hikayeleri gibi en gizemli ve sıklıkla alıntı yapılan dönemlerinin şifresini çözer. Yazarın enerjik ve kolay anlaşılır üslubu, insanın kendi dünyasını sadece arzu ve niyetle değiştirebildiği realitenin en derin seviyelerine, mükemmel bir giriş yapmanızı sağlar.

Kitabı okurken Tora'da anlatıldığı gibi olmuş veya olmamış fiziksel olayların seviyesinin ötesine geçiş yapacaksınız. İçinizde Firavun, Musa, Adem, Havva, hatta Habil ve Kabil'in olduğunu keşfedeceksiniz. Onların hepsi sizin bir parçanız. Onları içinizde keşfettikçe ve Ölümsüz Sevgiye, Yaradan'ın edinimine doğru ilerledikçe, bu gizli realitenin muhteşem hazineleriyle bizi ödüllendiren Yaradan'ın sonsuz sevgisini de keşfedeceksiniz.

Kişisel Çıkar Özgeciliğe Karşı

Bu kelimelerin yazıldığı zaman, dünya hala İkinci Dünya Savaşından beri en uzun gerileme sürecini geçiriyor. Tüm dünyada on milyonlarca insan, işlerini, birikimlerini, evlerini ve en önemlisi gelecekleri için olan ümitlerini kaybettiler.

Ancak krizler tarih boyunca sürekli olağandı. Bu krizi geçmiş krizlere kıyasla farklı kılan insanoğlunun şu anki gerginliğinin yapısıdır. Toplumumuz çatışma içeren iki uç noktaya doğru çekilmiştir – bir taraftan globalleşme ile gelen bağımlılık ve öteki taraftan da giderek büyüyen kişisel, sosyal ve politik narsizm. Bu koşul dünyanın daha önce hiç görmediği bir felaketin oluşumu!

Bu karanlık geleceğin önüne geçebilmek için, Kişisel Çıkar Özgeciliğe Karşı, bu dönemde dünyanın önünde bulunan sorunlarına yeni bir perspektif getirerek, insanoğlunun bir dizi hatasına bağlamaktansa, gereklilikten büyüyen ego zmininin sonucu olarak değerlendirmektedir. Bu anlayışla, kitap egomuzu bastırmak yerine, toplumun iyiliği için kullanmanın gerekliliğini dile getirmektedir.

Kabala ve Bilim

Prof. Michael Laitman eşsiz ve etkileyici bir kişilik: Kabala ve bilimin sentezini anlaşılır bir şekilde gerçekleştiren yetenekli bir bilimadamı

—Daniel Matt, Tanrı ve Big Bang kitabının yazarı: Bilim, maneviyat ve Zohar arasındaki harmoniyi keşfetmek.

Bu gezegendeki geleceğimiz için kritik tercihler yapacağımız bir dönemde, kadim Kabala bilgeliği seçeneklerimizi hem arttırdı hem de yeniledi. Klasik kutsal yazılarda yer alan bilgelik, yüzleşmekte olduğumuz ve önümüze açılan fırsatları taşıyabilmemiz için getirilmeli ve bu mesaj tüm dünyada tüm insanlara ulaşılabilir yapılmalı. Prof. Michael Laitman, diğerlerinden farklı olarak bu çok önemli meydan okumayı başarmaya ve bu tarihi görevi yerine getirmeye yetecek güçtedir.

—Prof. Ervin Laszlo, Kaos Noktası, Bilim ve Akaşik Alan kitabı da dahil 72 kitabın yazar : Herşeyin Birleşik Teorisi

Kadın ve Kabala

Bir arzu sonucu ortaya çıkanı ellerinizde tutuyorsunuz. Birçok kadın bir araya gelerek, yeri gelen bütün kadınlara Kabala çalışmasında yardımcı olabilmek için bu kitapçık üzerinde çalıştı. Toplanan soruların tümü Bney Baruh Kabala Eğitim Merkezine yeni başlamış olan kadın öğrencilerin sordukları sorulardan olulmaktadır. Cevaplar Dr. Laitman'ın kitaplarından, derslerinden ve konuşmalarındar alınmıştır. Sorulan sorular bizim maneviyatı edinmek isteme ihtiyacımızdan ortaya çıkmıştır: bizler buna açız, kalplerimiz bunun ağırlığında haykırıyor. Bizler kendimizi her şeyi yapabilecek duruma hazır, amaca doğru erkeklerimizi desteklemeye hazır buluyoruz.

Dr. Laitman bize der ki: "Kadınların karşılıklı sorumluluk hissiyatı içerisinde erkekleri uyandırmak ve onları bir araya getirmek için bağ kurmaları gerekir ki, erkekler birbirleri ile bağ kursunlar ve bu birlik sayesinde maneviyata erişsinler. Daha sonra erkekler arasındaki bu bağ ve karşılıklı sorumluluk sayesinde maneviyat kadınlara da geçecektir. Bunun sonucunda herkes bir bütün olacaktır –ulusun erkek ve dişi parçası veya bütün insanlığın."

Işığın Tadı

"Bu nesilde bulunduğum için mutluyum zira artık Kabala Bilgeliğini yaymak mümkün."

Kabalist Yehuda Aşlag – Baal HaSulam

Binlerce yılın sonunda gizli olan Kabala Bilgeliği bizim neslimizde ifşa olmaya başladı. "Işığın Tadı" adlı bu kitap bilgeliğin üzerine bir pencere açmakta. Kitap, günümüzün her bireyi için ilk defa duygularında tadacağı bir lezzet ve kalplerinde yoğun bir anlayış sağlayacaktır.

Bu kitap neslimizin en yüce kabalisti Dr. Michael Laitman'ın her sabah verdiği canlı derslerden derlenmiştir.

Kabalanın Sesi

Bizim neslimizin en sonuncusu olan Büyük Kabalist Baruh Aşlag'ın öğrencisi ve kişisel asistanı olmak benim için çok büyük bir ayrıcalıktır. Basitçe söylemek gerekirse, tüm içtenlik ve sevgimle ondan öğrendiklerimi okuyucularla paylaşmaktan çok mutlu olacağım.

Dr. Michael Laitman

Kabala'nin Sesi, Kabala makalelerinden seçilerek ve derlenerek hazırlanmış olup, bu otantik bilgeliğin zengin ve tam bir mozaiğini meydana getiren on bölümden oluşmaktadır.

Bir Demet Başak Gibi

Neden Birlik ve Karşılıklı Sorumluluk Bu Zamanın Çağrısıdır

Bu kitap, bazı Yahudilerin en ürkütücü ve gizemli sorularına ışık tutar: Bu gezegendeki rolümüz nedir? Bizler gerçekten "seçilmiş insanlar mıyız?" Eğer öyle isek, ne için seçildik? Anti-Semitizme neden olan nedir ve bu iyileştirilebilir mi?

Tüm zamanların Yahudi tarihçileri ve bilgelerinin sayısız referansının kullanıldığı bu kitap, Yahudilerin ulaşmak istediği ama bir o kadarda tanımlaması zor hedefini yerine getirmek için bir yol haritası sunar: sosyal bağlılık ve birlik. Gerçekte birlik, yalnızca Yahudilerin bunu sabırsızlıkla bekleyen dünyaya vereceği bir hediyedir.

Birlik olduğumuzda ve bunu tüm dünyayla paylaştığımızda huzur, kardeş sevgisi ve mutluluk tüm dünyada sonsuza kadar hüküm sürer.

Kabalaya Uyanış

Dünyanız değişmeye hazır. Bu neslin en büyük Kabalistinin rehberliğinde sizde bunu gerçekleştirir. Micheal Laitman, Kabalayı Yaradan'a yaklaşmayı sağlayan bir bilim olarak görür. Kabala yaratılış sistemini, Yaradan'ın bu sistemi nasıl yönettiğini ve yaratılışın bu seviyeye nasıl yükseleceğini çalışır. Kabala manevi doyuma ulaşma metodudur. Kabala çalışması ile siz de kalbinizi ve sonuç olarak yaşamınız başarıya, huzura ve mutluluğa doğru nasıl yönlendireceğinizi öğrenirsiniz.

Kadim ilim geleneğine bu farklı, özel ve hayranlık uyandıran girişiyle büyük Kabalist Baruh Aşlag (Rabaş)'ın öğrencisi Laitman bu kitapta, size Kabalanın temel öğretilerinin derin anlayışını ve bu ilmi başkalarıyla ve etrafınızdaki dünyayla ilişkilerinizi netleştirmek için nasıl kullanacağınızı anlatır. Hem bilimsel hem de şiirsel bir dil kullanarak, maneviyatın ve varoluşun en önemli sorularını araştırır:

Hayatımın anlamı ne? Neden dünyada keder var? Reenkarnasyon manevi yaşamın bir parçası mı? Mümkün olan en iyi varoluş aşamasını nasıl edinebilirim?

Bu eşsiz rehber, dünyanın ötesini ve günlük hayatın sınırlamalarını görmeniz, Yaradan'a yaklaşmanız ve ruhun derinliklerine ulaşmanız için size ilham verecek.

Erdemliliğin Yolu

Bugün Kabala Bilgeliğinin insanlığa bir mesajı var:

Günümüzün sorunlarını ancak birlik ve beraberlikle çözüme ulaştırabiliriz. Problemler raslantısal değil, onları gözardı etmemeliyiz. Dahası, oluşan durumu doğru bir biçimde değerlendirebilirsek hayatımız yeni, mutluluk ve sükunet dolu bir yöne akmaya başlayacaktır. Gelişi güzel değil, gayet bilinçli bir şekilde yaşamımıza yön verebiliriz.

Üst Dünyaları Edinmek

Micheal Laitman'ın sözleriyle, "Özü tam bir özgecilik ve sevgi olan manevi nitelikleri anlamak, insan idrakinin ötesindedir. Bunun sebebi insanoğlunun bu tip hislerin var olabileceğini kavrayamaması ve herhangi bir eylemi yerine getirmek için teşvik bekleyip, kişisel kazanç olmadan kendini büyütmeye hazır olmamasından kaynaklanmaktadır. Bu sebeple özgecilik gibi bir nitelik, insana Üstten verilir ve sadece deneyimleyenler bunu anlayabilir."

Üst Dünyaları Edinmek, yaşamımızda manevi yükselişin muhteşem doyumunu keşfetmemize olanak sağlayan ilk adımdır. Bu kitap, sorularına cevap arayan ve dünya fenomenini anlamak için güvenilir ve akılcı bir yol arayan tüm insanlar içindir. Kabala ilmine bu muhteşem giriş, aklı aydınlatacak, kalbi canlandıracak ve okuyucuyu ruhunun derinliklerine götürecek olan farkındalığı sağlar.

Zoharın Kilidini Açmak

Zohar Kitabı(Aydınlığın Kitabı), şimdiye kadar yazılmış en gizemli ve yanlış anlaşılan yapıtlardan biridir. Yıllar boyunca kendinde uyandırdığı hayranlık, şaşkınlık ve hatta korku emsalsizdir. Bu kitap tüm Yaratılışın sırlarını içermesine rağmen, bugüne kadar bu sırların üzeri bir gizem bulutuyla örtülmüştür.

Şimdi Zohar, insanlığa yol göstermek için ilmini tüm dünyanın gözleri önüne sermektedir, şöyle yazıldığı gibi (VaYera, madde 460), "Mesih'in günleri yaklaştıkça, çocuklar bile ilmin sırlarını keşfedecek." 20. Yüzyılın büyük Kabalistlerinden Yehuda Aşlag (1884-1954), bize Zohar'ın sırlarını açığa çıkaracak yepyeni bir yol göstermiştir. Bu yüce Kabalist, yaşamlarımıza hükmeden güçleri bilmemize yardım edecek ve kaderimize nasıl hükmedeceğimizi öğretecek, Zohar Kitabına giriş niteliğindeki dört kitabı ve Sulam (Merdiven) Tefsirini yazmıştır.

Zohar'ın Kilidini Açmak, üst dünyalara nihai yolculuğun davetiyesidir. Kabalist Dr. Michael Laitman, bilgece bizi Sulam Tefsirinin ifşasına götürür. Bu şekilde Laitman, düşüncelerimizi düzenlemekte ve kitabı okumaktan kaynaklanan manevi kazancımızı arttırmaktadır. Zohar Kitabıyla ilgili açıklamaların yanı sıra kitap, bu güçlü metnin kolay anlaşılması ve okunmasını sağlayan, özenle çevrilmiş ve derlenmiş Zohar kaynaklı sayısız ilham verici alıntıya da yer vermiştir.

Kalpteki Nokta

Hayatın elimizden kayıp gittiğini hissettiğimizde, toparlanmak için zamana ihtiyacınız olduğunda ve düşüncelerinizle baş başa kalmak istediğinizde, bu kitap içinizdeki pusulayı yeniden keşfetmenize yardım edecek. Kalpteki Nokta, ilmi sayesinde tüm dünyada ve Kuzey Amerika'da kendini ona adamış öğrenciler kazanmış bu insanın makalelerinden oluşan eşsiz bir kitaptır. Dr. Michael Laitman bir bilim adamı, Kabalist ve büyük saygı uyandırarak kadim ilmi temsil eden büyük bir düşünürdür. Bu fırtınalı günlerde popüler www.kabbalah.info sitesi vasıtasıyla, gerçeği ve sonsuz huzuru arayanlar için umut ışığı olmaktadır.

Açık Kitap

Bu kitap çok temel görünse de, Kabala'nın temel bilgisini ifade eden bir kitap olma niyetini taşımıyor. Daha ziyade, okuyucuların Kabala kavramlarına, manevi nesnelere ve manevi terimlere yaklaşımını ilerletmeye yardım içindir.

Kişi bu kitabı defalarca okuyarak içsel görüş ve duyu geliştirir ve daha önce içinde var olmayana yaklaşır. Bu yeni edinilen görüşler, sıradan duyularımızdan gizlenmiş olan boşluğu hisseden algılayıcılar gibidirler.

Dolayısıyla, bu kitap manevi terimlerin düşüncesini geliştirmeye yardım amaçlıdır. Bu terimlerle bütünleştiğimiz ölçüde, tıpkı bir sisin kalktığı gibi, etrafımızı saran manevi yapının ortaya çıkışını içsel gücümüzle görmeye başlayabiliriz.

Yine, bu kitap olguların çalışılmasını hedeflememiştir. Bunun yerine, yeni başlayanların sahip oldukları en derin ve en güç algılanan hisleri uyandırmak için yazılmış bir kitaptır.

Dost Sevgisi

Grubun Amacı

Burada, Baal HaSulam'ın yolunu ve metodunu takip etmek isteyen herkes, bir grup olmak için bir araya geldik ki hayvan olarak kalmayalım ve insan denilen varlığın derecelerinde yükselelim.

Rabaş'ın Yazıları, 1. Bölüm, "Topluluğun Amacı"

Erdemliliğin İncileri

Erdemliğin İncileri, tüm nesillerin büyük Kabalistlerinin yazılarından, makalelerinden özellikle de Zohar Kitabının Sulam(Merdiven) Tefsirinin yazarı Yehuda Aşlag'dan derlenen alıntılardan oluşur. Bu yapıt, kaynağı referans alarak, insan yaşamının her aşamasıyla ilgili Kabalanın yenilikçi kavramlarını açıklar. Kabala çalışmak isteyen herkes için eşsiz bir hediyedir.

İlişkiler

"Bilim ve kültürün gelişiminin yanı sıra, her nesil kendinden sonra gelen nesle, biriktirdiği ortak insanlık tecrübesini aktarır. Bu bellek bir nesilden diğerine, çürümüş bir tohumun enerjisinin yeni bir filize geçmesi gibi geçer. Belleğin aktarımında var olan tek şey, Reşimo veya enerjidir. Maddenin çürümesi gibi, insan bedeni de çürür ve tüm bilgi yükselen ruha aktarılır. Daha sonra bu ruh yeni bedene yerleşir ve bu bilgiyi veya Reşimo"yu hatırlar.

Genç bir çiftin çocuğunun dünyaya gelişinde tohumdan gelen bilgiyle, ölmüş bir insanın ruhunun yeni bir bedene geçerken beraberinde getirdiği bilgi, arasındaki fark nedir? Neticede anne ve baba hayatta ve çocukları da onlarla beraber yaşıyor! Hangi ruhlar, onların çocukları oldu?

Yüzyıllar boyunca tüm uluslar, doğal olarak sahip oldukları tüm bilgiyi miras yoluyla çocuklarına geçirmek için büyük bir arzu duydular. Onlara en iyi ve en değerli olanı aktarmak istediler. Bunu aktarmanın en iyi yolu yetiştirme tarzı, bilgiyi öğretmek, kutsal olduğu düşünülen fiziksel eylemler yöntemi ile düzenli toplum oluşturmaya çalışmak değildir.

Kabalanın Temel Kavramları

Bu kitabı okuyarak kişi daha önce var olmayan içsel alametler geliştirir.

Bu kitap, manevi terimlerin analizini hedefler. Bu terimlere uyumlu olmaya başladıkça, etrafımızı saran manevi yapının tıpkı bir sisin kaybolmaya başlaması gibi örtüsünü açmaya başladığına tanık oluruz.

Kabala kitapları, Baal HaSulam'ın dünyayı kötülüklerden kurtarmanın sadece ıslah metodunu yaymaya bağlı olduğunu belirten yönlendirmelerini izlemeyi amaçlamıştır, tıpkı şöyle dediği gibi, "Eğer gizli olan ilmi kitlelere nasıl yayacağımızı bilirsek, kurtuluşun tam eşiğindeki bir nesil oluruz."

Bu gerçekleştirmenin tek yolu olan Kabala kitaplarını tüm dünyayla paylaşmak olduğunu biliyoruz. Bu sebeple tüm bu kitapları internette ücretsiz olarak yayınlıyoruz. Amacımız her köşeye bu ilmi mümkün olduğunca yaymaktır. Basılmış kitapları pek çok insana ulaştırabilir, onlar vasıtasıyla ilmin başkalarına yayılmasına yardım edebilirsiniz.

Kabalanın İfşası

Kabalaya gizli ilim denilmesinin 3 nedeni vardır. Birincisi kabalistler tarafından özellikle gizlenilmiş olduğundan. Kabalanın insanlara öğretilmesi ilk 4000 yıl kadar öncelerine Hazreti İbrahim'e dayanmaktadır MÖ 1947-1948 yıllarına. Milat tarihinin başlangıcına kadar geçen 2000 yıllık süreçte bu öğreti gizlenmeden halka öğretilmekteydi. Hz İbrahim'in çadırının önünde oturup geçen yolculara gösterdiği misafirperverlik hikâyesini biliyoruz. Sunduğu yiyecek ve içeceklerle birlikte aynı zamanda insanlara bu ilmi anlattığını da biliyoruz. O dönemlerde var olan ruhlar bizim neslimize göre daha arıydılar ve bu öğretiyi daha doğal olarak anlayabildiler.

Kabalanın Gizli Bilgeliği

Artan krizler dünyasında, fırtınanın ortasında bir ışığa, yanlış giden şeylerin nereden kaynaklandığını görmemizi sağlayan ve en önemlisi de dünyamızı ve yaşamlarımızı daha huzurlu ve yaşanabilir kılmak için ne yapmamız gerektiğini öğreten bir rehbere ihtiyacımız var. Bu temel ihtiyaçlar sebebiyle bugün Kabala ilmi milyonlara ifşa olmuştur. Kabala, yaşamı geliştirme metodu olarak düzenlenmiştir. Kabala bir araç ve Kabala İlminin Gizli Bilgeliği bu aracı nasıl kullanacağımızı öğreten bir yöntemdir. Bu rehber, bu kadim bilimi günlük yaşantımıza uyarlamanın yanı sıra, Kabalanın temellerini öğrenmek için ihtiyacınız olan bilgiyi bize sunar.

Kaostan Ahenge

Kaostan Ahenge: Kabala İlmine Göre Küresel Krizin Çözümü, dünyanın bugün içinde bulunduğu endişe verici aşamasına yol açan unsurları açığa çıkarır.

Birçok araştırmacı ve bilim adamının hemfikir olduğu gibi, insanoğlunun sorunlarının kaynağı insan egosudur. Laitman'nın çığır açan yeni kitabı sadece insanlık tarihi boyunca tüm acıların kaynağı olan egonun ifşasını değil, aynı zamanda egolarımıza bağlı olarak, mutluluğa nasıl ulaşacağımızı ve sorunlarımızı nasıl fırsata dönüştüreceğimizi de açıklığa kavuşturur. Kitap iki bölümden oluşur. İlki, insan ruhunun analizi yaparak, ruhun nasıl egonun zehri olduğunu ortaya koyar. Bu kitap mutlu olmak için yapmamız gerekenlerin ve acıya sebep olduğu için kaçınmamız gerekenlerin bir haritasını çizer. Kitap boyunca Laitman'ın insanlık aşamasının analizi bilim kaynaklı veriler, çağdaş ve kadim Kabalistlerinden alınan örneklerle desteklenmiştir.

Kaostan Ahenge yeni bir varoluş aşamasına kolektif olarak yükselmemiz gerektiğini ve bu hedefi kişisel, sosyal, ulusal ve uluslararası seviyede nasıl başaracağımızı gösterir.

Niyetler

Derste otururken, sizinle beraber çalışanlar vasıtasıyla uyanan müşterek ruha bağlı olarak içsel değişimleri deneyimlersiniz. Herkes, siz de dahil, hepimizi birleştiren Kaynağa bağlanır... Beraber çalıştıkça hepimiz birbirimize bağlanmaya çalışırız. En önemli şey, herkesin aynı Kaynağa, aynı düşünceye bağlanmasıdır... Sadece bu güç bizi birbirimize bağlar.

Ruh ve Beden

Zamanın başlangıcından beri insan, varoluşun temel sorusuna cevap aramaktadır: Ben kimim, dünyanın ve benim var olmamızın sebebi ne, öldükten sonra bize ne oluyor? Hayatın anlamı ve amacı ile ilgili sorularımız, gündelik hayatın sınamaları ve acıları, küresel bir boyuta ulaştı – neden acı çekmek zorundayız? Bu sorulara cevap olmadığından, mümkün olan her yöne doğru araştırmalar yapılmaktadır.

Kadim inanç sistemleri, şimdilerde moda olan doğu öğretileri, bu arayışın bir parçasıdır. İnsanlık sürekli olarak varlığının akılcı kanıtını aramaktadır; insan binlerce yıldır doğanın kanunlarını araştırmaktadır.

Kabala bir bilim olarak bunun araştırılmasında bir yöntem öneriyor. Bu yöntem, insanın evrenin gizli olan bölümünü hissetme becerisini geliştirmesine olanak tanıyor. "Kabala" kelimesi "almak" demektir ve insanın en yüksek bilgiyi alma ve dünyayı doğru pencereden görme özlemini ifade eder.

Yarının Çocukları

Yarının Çocukları: 21. Yüzyılda Mutlu Çocuklar Yetiştirmenin Temel Esasları, siz ve çocuklarınız için yeni bir başlangıç olacaktır. Yeniden başlat düğmesine basabilmeyi ve bu sefer doğru olanı yapmayı hayal edin. Hiçbir mücadele, hiçbir sıkıntı ve en iyisi, hiçbir tahmin yok.

Büyük keşif şudur ki çocukları yetiştirmek, tamamen oyunlardan, onlarla oynamaktan, onlarla küçük yetişkinlermiş gibi ilişki kurmaktan ve tüm önemli kararları birlikte almaktan ibarettir. Çocuklara dostluk ve diğer insanların iyiliğini düşünmek gibi olumlu şeyleri öğretmekle, nasıl otomatik olarak günlük hayatınızın diğer alanlarını da etkilediğinizi görünce şaşıracaksınız.

Herhangi bir sayfayı açın ve orada, çocukların yaşamlarına ait her alana dair düşünceleri sorgulatan sözler bulacaksınız: ebeveyn – çocuk ilişkileri, dostluklar ve sürtüşmeler, okullar nasıl tasarlanır ve nasıl işler konusunda açık, net bir tablo. Bu kitap, her yerdeki tüm çocukların mutluluğunu amaç edinerek, çocukların nasıl yetiştirileceğine dair taze bir bakış açısı sunuyor.

Sonsuza Kadar Birlikte

Yani, eğer bir gün siz de kalbinizin derinlerinde, hafif bir "Şak!" hissederseniz, bilin ki şefkatli ve bilge bir sihirbaz size sesleniyor, çünkü sizin dostunuz olmak istiyor.

Ne de olsa, yalnız olmak çok üzücü olabilir.

İNTERNET AĞIMIZ

Ana sitemiz:

http://www.kabala.info.tr/

İlk internet sitemiz olup en temel dokümanların yayınlandığı portal sitemizdır. Kabala hakkında Türkçe olarak yayında olan dünyadaki en büyük doküman arşivi olarak kabul edilebilir.

Dr. Michael Laitman'ın Blog Sitesi:

http://laitman.info.tr/

Hocamız Dr. Michael Laitman'ın günlük derslerinden derlediği kısa makalelerirın yayınlandığı blog sitedir.

Bu blog sitesi şu an 19 dilde yayın yapmaktadır ve Türkiye'deki öğrenci ve dostlarımızın katkılarıyla site Türkçe olarak da yayınlanmaktadır.

Dr. Michael Laitman'ın Eğitim Sitesi:

http://michaellaitman.com/tr/

Bu sitede Dr. Michael Laitman'ın uluslararası kamuoyunda dile getirdiği güncel sorunlara yönelik sunumlarını ve bu konularla ilgili uzmanlarla yaptığı söyleşileri takip edebilirsiniz.

Dr. Laitman, eğitim metodoloji ve uygulamaları ile günümüzde eğitimin geçirdiği en sıkıntılı dönemlerde olumlu değişimi desteklemektedir. Eğitime yeni bir yaklaşım sunarak, bağımlı ve integral dünyada yaşamın gereklilikleri için eğitime yeni bir yaklaşım sunmaktadır.

ARI Enstitü Merkezi:

http://ariresearch.org/tr/

ARI Enstitüsü, kâr amacı olmayan bir organizasyon olarak kurulmuştur. Eğitim uygulamalarına, pozitif değişime yaratıcı fikirler ve çözümlerle, şimdiki neslimizin giderek daha çok ihtiyaç duyduğu eğitim konularına kendini adamış bir organizasyondur. ARI, entegre ve birbirine bağlı yeni dünya düzeninin ve kurallarının farkına varılmasını ve küresel yeni dünyada uygulanmasını yeni bir düşünce yaklaşımı olarak sunmaktadır. İletişim ağları, multimedya kaynak ve aktiviteleriyle, ARI uluslararası ve farklı akademik çalışma grupları arasında işbirliğini desteklemektedir.

Kabala İlmi Eğitim Sitemiz:

http://em.kabala.info.tr/

Bu site internet olanakları kullanılarak en geniş kapsamlı eğitimi insanlara sunmak için yapılmıştır. İnternet ortamında bulunan sınıflar ve dünyanın en geniş kapsamlı Kabalistik metinler kütüphanesi gibi hizmetler sunan Bney Baruh'un tüm çabası, sorularınıza cevaplar bulabileceğiniz ve içinde yaşadığımız dünyayı daha iyi anlayabilmenizi sağlayacak olan bir ortam yaratabilme üzerine yoğunlaşmaktadır. Tüm kurslar ücretsizdir.

Media Arşivi:

http://kabbalahmedia.info/

Bu sitemizde yıllardır işlenmekte olan tüm ders, çalıştay ve söyleşi programlarının video ve MP3 arşivine ücretsiz olarak ulaşabilirsiniz.

Kabala TV Sitesi:

http://kabalatv.info/

Her sabah 03:00 – 06:00 arası yapılan canlı dersleri bu sitenin ana sayfasından takip edebilirsiniz. Ayrıca bu sitede Bney Baruh Kabala Eğitim Merkezi'nin Türkçe dilinde düzenlediği tüm video arşivini inceleyebilirsiniz. Bu sitede ayrıca 24 saat canlı yayın yapan TV odası ve aynı zamanda belirli zamanlarda canlı yayın yapan Radyo odasına ulaşabilirsiniz.

Sviva Tova – İyi Çevre:

http://kabbalahgroup.info/internet/tr/

Bu sitede Bney Baruh dünya topluluğu ile ilgili günlük bildirimleri takip edebilirsiniz. Bu bildirimler sayesinde tüm etkinliklerimizden haberdar olup bu etkinliklere internet üzerinden dâhil olabilirsiniz.

Ari Film:

http://www.arifilms.tv/

Ari Film yapımcılarının Kabala İlmi hakkında gerçekleştirmiş oldukları tüm sinema ve video çalışmalarına bu site aracılığıyla ulaşabilirsiniz.

Kitap Sitemiz:

http://www.kabbalahbooks.info/

30 farklı dilde yayınlanmış tüm kitapları bu sitede inceleyebilirsiniz.

Müzik Sitemiz:

http://musicofkabbalah.com/

Her birimiz müziği farklı algılarız. İki kişinin aynı melodiyi nasıl algıladığını karşılaştırmak mümkün değildir. Kabala, ruhun ilmi, bu nedenden dolayı kişiye özeldir. Kabala ruhun tümüyle açılıp, yaratıldığı zaman içinde mevcut olan mutlak potansiyeline ulaşması için bir yoldur.

Bu sitede yer alan melodiler, çok büyük kabalistlerden biri olan Baal HaSulam ve geçmişteki Kabalistlerin yaptıkları bestelerin farklı değişimleriyle düzenlenmesinden oluşmuştur. Ziyaretçiler ayrıca müzik ve Kabala ile ilgili bazı materyallere bağlantı bulabilirler.

Sosyal Ağlar:

Tüm sosyal ağlarımızın kısa linklerine sitelerimize girerek ulaşabilirsiniz.

Katkı Sunun

Kabala İlmi bir grup çalışmasıdır. Dünya'nın birçok ülkesinde grupları bulunan Bney Baruh Kabala Eğitim Enstitüsü tüm faaliyetlerini öğrencilerinin gönüllü katkıları ile sürdürmektedir. Bu katkılar bireylerin niteliklerine göre değişmektedir. Sitemizde de incelediğiniz gibi Bney Baruh, prensipleri gereği, kullanılabilecek tüm Öğrenim Araçları ile Manevi Bilgi'yi öncesinde hiç bir ön koşul öne sürmeden tüm insanlığa ücretsiz olarak götürmeyi kendisine ilke edinmiştir.

Bu doğrultuda Manevi Dağıtıma katkı sunmak isteyenler **turkish@kabbalah.info** adresine yazarak Bney Baruh ile iletişime geçebilirler.

NOTLARIM

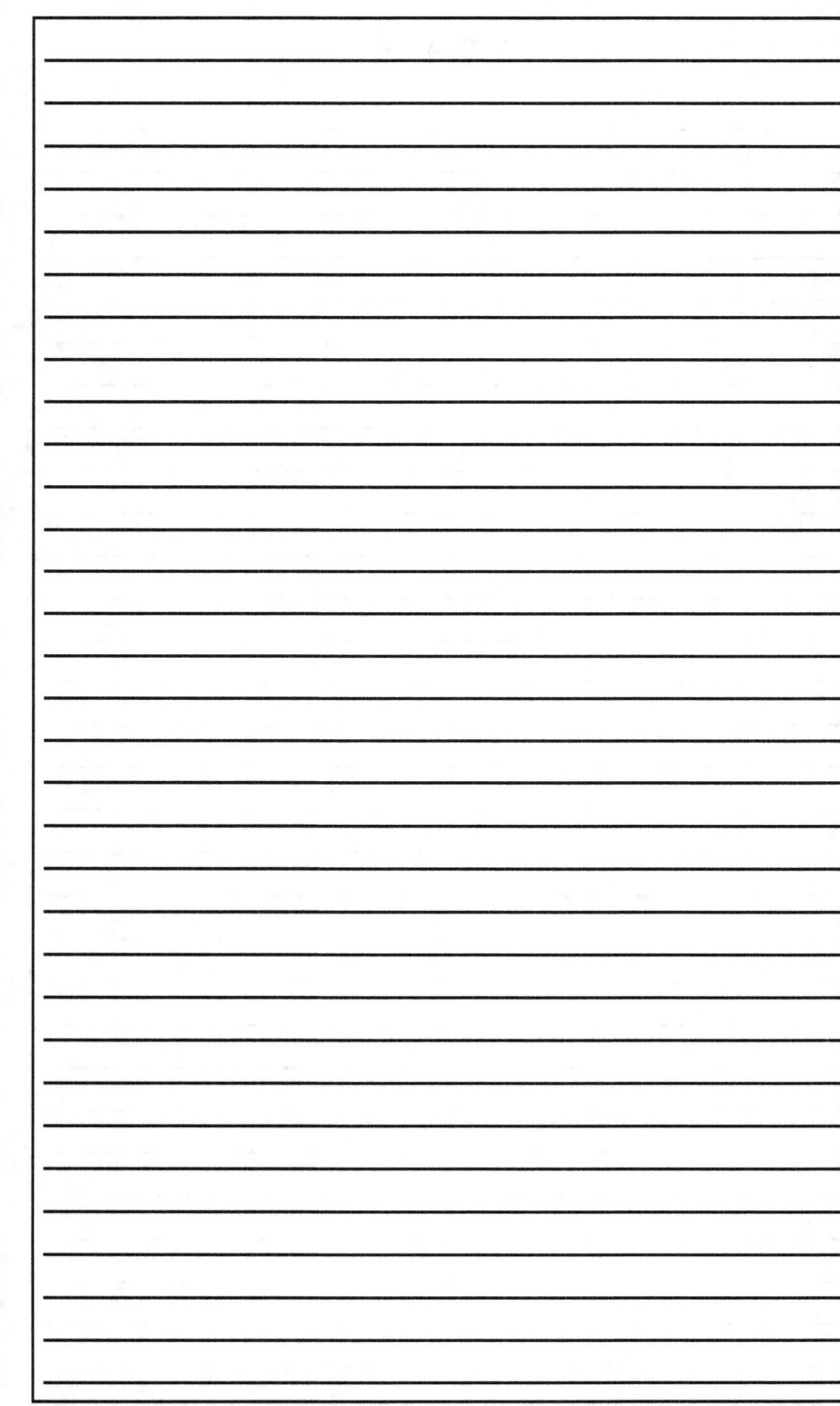

www.ingramcontent.com/pod-product-compliance
Lightning Source LLC
Chambersburg PA
CBHW071422080526
44587CB00014B/1718